Geteilte Erinnerung

Die Deutschen und das östliche Europa
Studien und Quellen

Herausgegeben von
Eva Hahn und Hans Henning Hahn

Band 3

PETER LANG
Frankfurt am Main · Berlin · Bern · Bruxelles · New York · Oxford · Wien

Samuel Salzborn

Geteilte Erinnerung

Die deutsch-tschechischen Beziehungen und die
sudetendeutsche Vergangenheit

Mit einem Nachwort von Jan Křen

PETER LANG
Internationaler Verlag der Wissenschaften

Bibliografische Information der Deutschen Nationalbibliothek
Die Deutsche Nationalbibliothek verzeichnet diese Publikation
in der Deutschen Nationalbibliografie; detaillierte bibliografische
Daten sind im Internet über <http://www.d-nb.de> abrufbar.

Das Umschlagbild entstammt dem
„Itinerarium Sacrae Scripturae"
von Heinrich Bünting (Ausgabe 1597).
Für die Reproduktionsgenehmigung wird
der Universitäts- und Landesbibliothek Sachsen-Anhalt
in Halle gedankt.

Umschlaggestaltung: Nils Mönkemeier.
Satz: Weiß & Partner, Oldenburg.

ISSN 1862-491X
ISBN 978-3-631-57308-2
© Peter Lang GmbH
Internationaler Verlag der Wissenschaften
Frankfurt am Main 2008
Alle Rechte vorbehalten.

Das Werk einschließlich aller seiner Teile ist urheberrechtlich
geschützt. Jede Verwertung außerhalb der engen Grenzen des
Urheberrechtsgesetzes ist ohne Zustimmung des Verlages
unzulässig und strafbar. Das gilt insbesondere für
Vervielfältigungen, Übersetzungen, Mikroverfilmungen und die
Einspeicherung und Verarbeitung in elektronischen Systemen.

www.peterlang.de

Inhalt

Geteilte Erinnerung — 7
Überlegungen zu den Perspektiven der deutsch-tschechischen
Beziehungen anlässlich des 70. Jahrestages der deutschen Annexion
der Tschechoslowakei

»Chemische Auflösung« — 19
Anmerkungen zum sudetendeutschen Volkstumskampf
gegen die Tschechoslowakei

Die Volksgruppenkonzeption der Sudetendeutschen
Landsmannschaft und die sudetendeutsche Volksgruppenforschung — 25

Zwischen Volksgruppentheorie, Völkerrechtslehre und
Volkstumskampf — 37
Hermann Raschhofer als Vordenker eines völkischen Minderheitenrechts

Ethnizität und ethnische Identität. — 61
Ein ideologiekritischer Versuch

Völkische Grenzübertretungen — 79
Die außenpolitischen Konzepte der deutschen Vertriebenenverbände
in Kontinuität und Wandel

Geschichtspolitik in den Medien — 91
Die Kontroverse über ein »Zentrum gegen Vertreibungen«

Politische Paradoxien — 105
Zur Jugendarbeit der Vertriebenenverbände

Die Beneš-Dekrete und die EU-Osterweiterung — 115
Geschichtspolitische Kontroversen zwischen Aufarbeitung und
Verdrängung der Vergangenheit

Nachwort von Prof. Dr. Jan Křen — 125

Nachweis der Erstveröffentlichungen — 135

Geteilte Erinnerung

Überlegungen zu den Perspektiven der deutsch-tschechischen Beziehungen anlässlich des 70. Jahrestages der deutschen Annexion der Tschechoslowakei

Wer beim Leitwort der Sudetendeutschen Landsmannschaft für das Jahr 2008 auf einen selbstkritischen Einschlag oder gar eine Form von reflexivem Umgang mit der eigenen Vergangenheit gehofft hatte, sah sich – wie so oft – enttäuscht: die geschichtspolitische Verantwortung, die dem Vertriebenenverband anlässlich des 70. Jahrestages der Zerschlagung der Tschechoslowakei im Jahr 1938 durch das Münchner Abkommen aufgrund der massiven propagandistischen und terroristischen Aktivitäten der Sudetendeutschen in den 1920er und 1930er Jahren bei der Zerstörung der letzten demokratischen Insel in Mitteleuropa faktisch zukommt, wurde von diesem ignoriert. Statt ein Bekenntnis zur erinnerungspolitischen Verantwortung und eine Verurteilung der sudetendeutschen Politik in der Zwischenkriegszeit wartete die Sudetendeutsche Landsmannschaft mit dem Slogan »Für Heimat und Menschenrecht« auf. Mit diesem wurde abermals nur die eigene Perspektive betont und die eigenen Positionen derart überhöht darstellt, dass sogar die politische Forderung nach einem Heimatrecht zum geltenden Recht verklärt wurde, wie im Leitartikel der das Motto erklärenden Ausgabe der *Sudetendeutschen Zeitung*[1] – obgleich das von den Vertriebenenverbänden geforderte »Recht auf die Heimat« sogar in deutlichem Widerspruch zu geltendem Recht in der Europäischen Union, explizit der Niederlassungsfreiheit steht.
Zugegeben: wohl kaum ein kritischer Beobachter der Geschichte und Politik der Sudetendeutschen Landsmannschaft würde ernsthaft annehmen, dass diese einen konstruktiven Beitrag zu den deutsch-tschechischen Beziehungen leisten könnte. Denn viel zu deutlich ist die völkische Ausrichtung des Verbandes, viel zu klar der Unwille, die eigene Vergangenheit aufzuarbeiten.[2] »Fordern statt forschen« könnte ebenso ein Motto des Verbandes sein, wie »Projektion statt Verantwortung«. Doch angesichts dessen, dass wohl kaum jemand von dem Vertriebenenverband einen positiven Impuls für die konstruktive Weitentwicklung der deutsch-tschechischen Beziehungen

---

1   Vgl. Rudolf Grulich: Für Heimat und Menschenrecht, in: Sudetendeutsche Zeitung v. 18.1.2008.
2   Vgl. Erich Später: Kein Frieden mit Tschechien. Die Sudetendeutschen und ihre Landsmannschaft, Hamburg 2005; Tobias Weger: »Volkstumskampf« ohne Ende? Sudetendeutsche Organisationen 1945–1955, Frankfurt a.M. 2008.

erwartet, scheint es doch mehr als verwunderlich, dass es bisher *alle* Bundesregierungen versäumt haben, sich klar und unmissverständlich von der Politik der Vertriebenenverbände zu distanzieren – was nicht nur ein wichtiger Schritt für eine selbstkritische Aufarbeitung der deutschen Nachkriegsgeschichte wäre, sondern auch die Tür für einen gleichberechtigten deutsch-tschechischen Dialog öffnen würde. Einen Dialog, bei dem nicht eine Seite – die Tschechische Republik – immer wieder mit der Frage konfrontiert würde, ob ihre Souveränität nicht durch die ambivalente deutsche Haltung zu den Vertriebenenverbänden doch indirekt in Frage gestellt wird.

Denn die deutsch-tschechischen Beziehungen werden seit Jahren belastet von den Forderungen der Vertriebenenverbände, insbesondere denen der Sudetendeutschen Landsmannschaft. Ziel diese Buches ist es somit auch, die Geschichte der Sudetendeutschen Landsmannschaft sowie ihre Vorgeschichte in den NS-Organisationen im Reichsgau Sudetenland kritisch zu skizzieren und anhand ausgewählter Fallstudien die völkische und antiaufklärerische Grundintention der Politik der Landsmannschaft herauszuarbeiten. Die Vertriebenenverbände haben in den letzten Jahrzehnten, aber auch und vor allem in jüngster Vergangenheit anlässlich der Debatten über ein »Zentrum gegen Vertreibungen«, die so genannten Beneš-Dekrete oder den Beitritt der Tschechischen Republik zur Europäischen Union deutlich gemacht, dass ihre Sicht auf die Geschichte nicht vereinbar ist mit historischen Tatsachen und somit einem demokratischen, selbstverständlich durchaus kontrovers geführten Dialog zwischen der Bundesrepublik Deutschland und der Tschechischen Republik über die gemeinsame Vergangenheit abträglich und kontraproduktiv. Deshalb werden die Vertriebenenverbände als geschichtspolitischer Störfaktor in den Mittelpunkt der Analyse gerückt, da ihre öffentlichen Artikulationen dem Verhältnis zwischen Deutschland und Tschechien schaden: Denn die deutsch-tschechischen Beziehungen sind hinsichtlich der gemeinsamen Vergangenheit politisch und juristisch mit einem tragfähigen Fundament versehen und die Debatten über die Geschichte Gegenstand wissenschaftlicher Aufarbeitung. Gerade deshalb sind sie auch nicht geeignet zur Instrumentalisierung zu gegenwärtigen politischen Zwecken, etwa der Durchsetzung eines völkischen »Rechts auf die Heimat« oder eines ethnisierenden Volksgruppenrechts.

Im Blickpunkt der Analyse steht insofern die geteilte Erinnerung als Herausforderung für die Zukunft der deutsch-tschechischen Beziehungen. Es existieren zwei große Narrative der deutsch-tschech(oslowak)ischen Geschichte, die sich historisch ausschließen: die sudetendeutsche und die tschech(oslowak)ische Erzählung, deren Folge bilaterale Kommunikationsschwierigkeiten sind, da die sudetendeutsche Darstellung der gemeinsamen Geschichte auf tschechischer Seite zumeist den Eindruck auslöst, etwas völlig unbekanntes berichtet zu bekommen (und umgekehrt), da es von den eigenen Erzählungen nahezu vollständig abweicht. Die Feststellung der Existenz einer solchen geteilten Erinnerung sollte aber nicht mit postmoderner Beliebigkeit verwechselt oder gar in diese aufgelöst werden. Zentral ist politisch und öffentlich nicht in erster Linie, was erinnert wird (die hohe Relevanz der Erinnerung für das Individuum sollte nicht über die Klippen bewusster und vor allem auch unbewusster Modellierungen von Geschichtsbildern hinwegtäuschen, die für Individuen wie Kollektive sinnstiftend generiert werden, aber der historischen Faktizität widersprechen), sondern was war, wobei es inzwischen fast zum Allgemeingut wissenschaftlicher Forschung geworden ist, dass die sudetendeutsche Sicht auf die gemeinsame Vergangenheit nur sehr wenig mit der historischen Realität korrespondiert.

Da die Sudetendeutsche Landsmannschaft in der innerdeutschen Diskussion aber oftmals wie ein gleichberechtigter Akteur erscheint (die immer wieder vernehmbare Forderung der Landsmannschaft, direkt an Gesprächen mit der tschechischen Regierung teilnehmen zu wollen, ist Bestandteil einer solchen Schiefwahrnehmung, da sie medial nicht als völlig absurd dargestellt wird), werden die Politikkonzepte der Landsmannschaft analysiert und das Handeln der Vertriebenenverbände in wesentlichen erinnerungspolitischen Debatten dargestellt. Auch zur Sprache kommt die außenpolitisch überaus bedeutsame Konstruktion einer »Vererbbarkeit« des Vertriebenenstatus, die theoretische wie praktische Formierung einer »sudetendeutschen Volksgruppe«, die Entstehung und Entwicklung der außenpolitischen Konzepte der Vertriebenenverbände, die erinnerungspolitischen Schwerpunkte der Vertriebenenpolitik der letzten Jahre sowie die Versuche von Seiten der Vertriebenenverbände, in die nationale Souveränität der Tschechischen Republik einzugreifen, etwa im Rahmen der Debatten über die tschechoslowakische Dekretalgesetzgebung im Kontext des tschechischen EU-Beitritts.

Der zeitgeschichtliche und politische Hintergrund der hier vorgestellten Analysen ist der 70. Jahrestag des Münchner Abkommens in diesem Jahr – als Jahrestag des institutionellen Beginns der deutschen Annexion der Tschechoslowakei 1938. Die – angesichts der bei der Sudetendeutschen Landsmannschaft bestehenden Unwilligkeit zur (selbst-)kritischen Auseinandersetzung mit der eigenen Vergangenheit – eigentlich dringend gebotene öffentliche Ignoranz gegenüber den Forderungen der Vertriebenenverbände mit dem Ziel eines gleichberechtigten deutsch-tschechischen Dialogs über gemeinsame Vergangenheit und vor allem Zukunft wäre anlässlich dieses Jahrestages realpolitisch von deutscher Seite in einem symbolischen Akt durchaus aufgreifbar, etwa durch eine eindeutige politische Distanzierung von einem (gegen EU-Recht verstoßenden) »Recht auf die Heimat«, die endgültige Absage an alle Vermögensforderungen der Vertriebenenverbände oder die künftige Nicht-Teilnahme von Regierungspolitiker(inne)n an revisionistischen Vertriebenenveranstaltungen wie dem »Tag der Heimat« oder dem »Sudetendeutschen Tag«.

Dass derartige Handlungsoptionen bisher von der deutschen Politik nicht in hinreichendem Maße in Erwägung gezogen wurden, hat etwas mit den Ambivalenzen der geteilten Erinnerung zu tun, bei der neben den beiden großen Narrativen auch nach wie vor in Deutschland kein *politischer* Konsens über die Ablehnung der Vertriebenenforderungen besteht, also die deutsch-tschech(oslowak)ische Geschichte auch innenpolitisch in Deutschland nach wie vor ein stark umkämpftes erinnerungspolitisches Feld darstellt. Und damit zeigt sich, dass der Umgang mit Geschichte politisch ist, denn nichts ist derart politisiert wie Geschichte, sowohl hinsichtlich ihres tatsächlich erinnerten Gehalts, wie auch in Bezug auf ihre sinnstiftende Funktion durch die Formung der Vergangenheit in der Gegenwart.

Es ist eine Trivialität darauf hinzuweisen, dass kein moderner Staat ohne eine eigene geschichtsphilosophische Interpretation zu existieren in der Lage ist. Kein Nationalstaat, ganz gleich, ob völkisch oder republikanisch konstituiert, kommt ohne Vergangenheitsbilder, ohne nationalpolitische Erinnerung aus. Dies wurde von der neueren Nationenforschung eindrucksvoll herausgearbeitet.[3] Johannes Fried hat in diesem Zusammenhang zu Recht betont, dass Vergangenheit dabei in der Gegenwart stets neu geschaffen werde und sich unbewusst aus unterschiedlichen, diachronen Elementen erinnerten Geschehens konstituiere. Geprägt durch die Erfordernisse der Gegenwart, so Fried, werden auf diese Weise »stimmige Vergangenheitsbilder« geformt, die aufgrund ihres erzählten bzw. erinnerten Gehaltes erheblich vom tatsächlichen Geschehen abweichen können.[4]

Auch wenn für den formalen Vorgang der geschichtspolitischen Sinnstiftung die politische Verfasstheit eines staatlichen Systems unerheblich ist, gilt dies im umgekehrten Sinn in keiner Weise. Denn Prozesse der Mythologisierung und Heroisierung können gleichermaßen demokratische Systeme in ihrer Existenz historisch stützen, wie sie dazu dienen können, völkische Mythologien wie etwa die der Sudetendeutschen Landsmannschaft sinnstiftend für den nationalen Alltag zu manifestieren und in praktische Handlungsanleitungen zu transformieren. Was in diesen Prozessen letztlich zur Geschichte erklärt wird, ist in aller Regel nicht von den historischen Fakten abhängig, sondern von ihrer Interpretation durch Politik, Wissenschaft, Medien und Öffentlichkeit. Und wer dabei die Zukunft gewinnen will, muss wie Michael Stürmer

---

3   Hier ist insbesondere auf die Arbeiten von Benedict Anderson (Imagined communities. Reflections on the origin and spread of nationalism, London 1983), Ernest Gellner (Nations and Nationalism, Ithaca 1983) und Eric J. Hobsbawm (Nations and Nationalism since 1780. Programme, myth, reality, Cambridge 1990) hinzuweisen.

4   Vgl. Johannes Fried: Erinnerung und Vergessen. Die Gegenwart stiftet die Einheit der Vergangenheit, in: Historische Zeitschrift, H. 3/2001, S. 561ff.

zutreffend betont hat, die Erinnerung füllen, die Begriffe prägen und die Vergangenheit deuten.[5]
Der Kampf ums Geschichtsbild wird damit in der Gegenwart um die Zukunft geführt. Das Verhältnis von reflexivem Erinnern und identitärer Sinnstiftung markiert das geschichtspolitische Spannungsfeld, wobei die Kernfrage darin besteht, ob Geschichte adäquat interpretiert oder lediglich verwertet werden soll. Während die interpretative Variante einer kritischen Aufarbeitung der Vergangenheit zuneigt, zielt die verwertungsorientierte auf deren Instrumentalisierung und stellt in ihrer Verwertungslogik darauf ab, was von Adorno in anderem Zusammenhang treffend als die am Tauschprinzip orientierte Spießbürgersorge beschrieben wurde, sich daran zu orientieren, was für das eigene Tun zu bekommen sei.[6]
Gegenstand der von den Vertriebenenverbänden im allgemeinen und von der Sudetendeutschen Landsmannschaft im besonderen initiierten und mitgetragenen Debatten ist immer eine Auseinandersetzung mit dem Gegenstand und/oder den Folgen von Flucht und Vertreibung der deutschen Minderheiten aus Osteuropa infolge von Nationalsozialismus und Zweitem Weltkrieg. Problematisch an dem Agieren der Landsmannschaften in diesen Debatten ist dabei nicht, den Gegenstand Flucht und Vertreibung als solchen zu thematisieren und sich um eine adäquate Einordnung und Interpretation zu bemühen. Zu kritisieren ist vielmehr die Art und Weise, in der diese Auseinandersetzung mit der Vergangenheit geschieht. Hier ist der ehemaligen Bundestagsvizepräsidentin Antje Vollmer voll zuzustimmen, wenn sie sagt, dass eine politische Organisierung entlang des Themas »Vertreibung« zu verstehen sei als das Interesse an der Wachhaltung des Erfahrenen – allerdings »nicht im Sinne des Mitleids, sondern im Sinne einer offenen Rechnung.«[7] Denn es geht in dem maßgeblich von den Vertriebenenverbänden initiierten neuen deutschen Opferdiskurs gerade nicht um die Auseinandersetzung mit dem individuellen Schicksal und Leid der betroffenen Menschen, sondern um den Versuch einer Interpretation von Flucht und Vertreibung als kollektiv zu sanktionierendes Unrecht. Dabei steht nicht die Aufklärung über die Vergangenheit im Zentrum, sondern das Bestreben nach Schaffung und Formung einer kollektiven Opferidentität:

> »Die Deutung der Vergangenheit wird dabei nicht nur zum Streitfall, sondern sie kann auch, national wie international, zum Ziel politischer Einflussnahme

---

5 Vgl. Michael Stürmer: Geschichte in geschichtslosem Land, in: Frankfurter Allgemeine Zeitung v. 25.4.1986.
6 Vgl. Theodor W. Adorno: Ästhetische Theorie, in: Ders.: Gesammelte Schriften, Band 7, Frankfurt a.M. 1997, S. 373.
7 Antje Vollmer: Tiefe Resignation. Interview in: Süddeutsche Zeitung v. 9.2.2002.

werden – sei es, um bestimmte Inhalte kollektiver Identität zu beeinflussen, sei es, um politische Gegner mit historischen Argumenten zu bekämpfen, sei es, um in den internationalen Interessenkonflikten Ansprüche historisch zu rechtfertigen.«[8]

Durch die Kollektivierung der individuellen Geschichte(n) soll der historische Kontext revidiert werden. Einerseits werden so die Ursachen von Flucht und Umsiedlung negiert, andererseits zugleich die Legitimität ihrer Folgen in Frage gestellt. Denn die Delegitimation der antifaschistischen Neuordnung Europas nach der Niederschlagung des Nationalsozialismus durch die Alliierten wird erst durch die Zerlegung der Geschichte in scheinbar unzusammenhängende Zufälle möglich; erst wenn Flucht, Vertreibung und Umsiedlung der Deutschen nicht mehr im Kontext des Nationalsozialismus gedacht werden, besteht die Möglichkeit der moralischen Entlastung und damit der Forderung nach ihrer kollektiven Sanktionierung als Unrecht.

Auf diese Weise findet zugleich auch eine Entpolitisierung der Geschichte statt, denn sie wird nicht mehr in ihren kausalen Zusammenhängen und Kontexten dargestellt und interpretiert, sondern lediglich empirisch-segregiert erfasst. Der diesem Prozess innewohnende Hang zur Moralisierung, der sich am deutlichsten daran zeigt, dass von Vertriebenenseite nur äußerst selten sachlich über Flucht und Umsiedlung der Deutschen gesprochen werden kann ohne dabei in Termini des Größenwahns zu verfallen, ist aber notwendigerweise auch Teil der bewussten politischen Strategie. Denn diese im Sinne einer enthistorisierten Politik entpolitisierte Argumentation erhofft sich gerade durch ihren Appell an das Gefühl und an die Moral Zustimmung.

Es handelt sich dabei um einen Prozess, den Sabine Moller als Entkonkretisierung beschrieben hat;[9] eine auf die Entkontextualisierung folgende Moralisierung, bei der alles mit allem vergleichbar wird, weil die Fakten bis zur Sinnleere entstellt sind. Die Komplexität der Wirklichkeit wird durch emotionale Regression auf omnipräsent scheinende Fragmente reduziert. So greift jede Analogie, da ihre Adressaten sich keines erkenntnis- und bewertungstheoretischen Kontextes der Aussage mehr bewusst sind, sondern lediglich nach den ontologischen Kriterien von »Gut« und »Böse« scheiden, die als analytische Kategorien per se unbrauchbar sind.[10] Ursache eines sol-

---

8   Peter Steinbach, Geschichte und Politik – nicht nur ein wissenschaftliches Verhältnis, in: Aus Politik und Zeitgeschichte. Beilage zur Wochenzeitung Das Parlament v. 6.7.2001, S. 7.
9   Vgl. Sabine Moller: Die Entkonkretisierung der NS-Herrschaft in der Ära Kohl, Hannover 1998.
10 Vgl. Chantal Mouffe: Über das Politische. Wider die kosmopolitische Illusion, Frankfurt a.M. 2007.

chen Reflexes ist nicht zuletzt die marginale Transparenz der Befassung mit dem Nationalsozialismus, der eines Artefaktes gleich behandelt wird, ohne sich seiner Realität in historischer und politischer Dimension bewusst zu sein. Denn hätte es wirklich eine Aufarbeitung der Vergangenheit im Sinne Adornos gegeben, bei der man »das Vergangene im Ernst verarbeite, seinen Bann breche durch helles Bewußtsein«,[11] wäre die Befassung mit dem Thema Flucht und Vertreibung in der Gegenwart eine gänzlich andere.

Der Charme des Opferstatus hingegen ist so verlockend, dass schon fast als Vaterlandsverräter und Nestbeschmutzer geziehen wird, wer es wagt auf die Inkorrektheit der Klassifizierung von Flucht und Vertreibung als Unrecht hinzuweisen. Nicht nur, dass die Umsiedlung der Deutschen in Konsequenz auf den Nationalsozialismus erfolgte. Sie wurde in dem bis heute gültigen Potsdamer Abkommen (Artikel XIII) völkerrechtlich verbindlich festgelegt. Dass mit einer Anerkennung von Flucht, Vertreibung und Umsiedlung als Unrecht auch materielle Konsequenzen verbunden sein würden, ist aufgrund des Rechtscharakters des Begriffs evident. Wie diese Konsequenzen im einzelnen aussehen könnten, darauf gab der über Monate anhaltende Kampf gegen die so genannten Beneš-Dekrete – von denen nur einige wenige überhaupt die Behandlung der deutschen Minderheit zum Gegenstand hatten, während sie im Kern die Staatlichkeit und Souveränität der Tschechoslowakei und in deren Folge die der heutigen Tschechischen Republik garantier(t)en – einen Vorgeschmack. Unabhängig von der normativen Bedeutung dieser Diskussion in Bezug auf den EU-Beitritt der Tschechischen Republik verdeutlichte ein Großteil der entsprechenden politischen Erklärungen den besonders bei konservativen Kräften bestehenden Unwillen, die geschichtliche Realität anzuerkennen und sich mit den historischen Reaktionen auf die nationalsozialistische Volkstums- und Vernichtungspolitik abzufinden. Und das hieße anzuerkennen, dass trotz allen individuellen Leids und aller individueller Ungerechtigkeit die Umsiedlung der Deutschen die notwendige Konsequenz auf eine NS-Politik war, in der eben jene deutschen Minderheiten (bzw. wie es damals hieß: Volksdeutschen) soziale und politische Konflikte geschürt hatten, die eine wesentliche Voraussetzung für die Zerschlagung der osteuropäischen Nationalstaaten darstellten. Diese Politik bildete die Grundlage der NS-Außenpolitik, zumindest so lange, wie diese ihre Interessen nicht auf kriegerischem Weg verfolgt hat. Die Umsiedlung der Deutschen sollte im seinerzeitigen Verständnis das künftige Konfliktpotenzial in Osteuropa verringern. Denn die deutsche Volkstumspolitik war letztlich ein zentraler Aspekt der Vorbereitung und Umsetzung der deutschen Eroberungs- und Vernichtungs-

---

11 Vgl. Theodor W. Adorno: Was bedeutet: Aufarbeitung der Vergangenheit, in: Ders.: Eingriffe. Neun kritische Modelle. Gesammelte Schriften, Band 10.2, Frankfurt a.M. 1997, S. 555.

politik. Durch die Moralisierung und Fragmentierung der Geschichte wird zugleich auch die historische Volkstumspolitik in ihrer tatsächlichen Relevanz marginalisiert und moralisch entlastet, was die Möglichkeit der Exekution völkischer Konzepte in der Gegenwart sichert.[12]
Zentral ist dabei, dass die geteilte deutsch-tschech(oslowak)ische Erinnerung zugleich auch auf eine »zerklüftete Erinnerungslandschaft« (Eva Hahn/Hans Henning Hahn)[13] in Deutschland verweist, was letztlich auch der ausschlaggebende Grund dafür sein dürfte, dass bundesdeutsche Regierungen sich bisher so schwer getan haben mit *eindeutigen* Absagen an die Politik der Vertriebenenverbände. Denn obgleich die bundesdeutsche Politik seit der osteuropäischen Transformation von 1989/90 faktisch darauf zielt, den *außenpolitischen* Handlungsspielraum der Vertriebenenverbände zu minimieren (etwa durch die Grenz- und Nachbarschaftsverträge mit den osteuropäischen Nachbarn), gilt dies mitnichten für das *erinnerungspolitische* Feld, das geprägt ist von einem Lavieren und einer Politik der konsequenten Inkonsequenz: jeder Kritik an den Vertriebenenverbänden, so sie überhaupt geäußert wird, folgen Relativierungen und Zugeständnisse an die Verbände, deren erinnerungspolitische Hoheit über den Komplex Flucht und Vertreibung nicht generell in Frage gestellt wird, obgleich dies aufgrund von sozial- und geschichtswissenschaftlichen Erkenntnisse dringend geboten wäre.
Ein symbolisch überaus bedeutsames Beispiel für die *Verknüpfung* einer außen- und erinnerungspolitischen Eindeutigkeit der bundesdeutschen Politik wäre eine eindeutige, offizielle Absage an ein von den Vertriebenenverbänden gefordertes »Recht auf die Heimat«, dessen völkerrechtliche Umsetzung die Souveränität der osteuropäischen Staaten, insbesondere der Tschechischen Republik und der Republik Polen, fundamental in Frage stellen würde. Denn auch wenn ein »Recht auf die Heimat« im europäischen Rechtskontext nicht nur ein antiliberaler Fremdkörper wäre, sondern auch gegen fundamentale Normen wie die Niederlassungsfreiheit verstoßen würde, wäre eine von einer deutschen Regierung formulierte politische Absage an eine solche Forderung der Vertriebenenverbände ein überaus wirkungsvolles *erinnerungspolitisches Signal* gegenüber den osteuropäischen Nachbarn, das zugleich *außenpolitische* Wirkung hätte. Denn erst die Verknüpfung einer materiell (außenpolitisch) und

---

12 Vgl. hierzu ausführlich: Samuel Salzborn: Heimatrecht und Volkstumskampf. Außenpolitische Konzepte der Vertriebenenverbände und ihre praktische Umsetzung. Mit einem Vorwort von Wolfgang Kreutzberger, Hannover 2001, S. 144 ff.
13 Eva Hahn/Hans Henning Hahn: Eine zerklüftete Erinnerungslandschaft wird planiert. Die Deutschen, »ihre« Vertreibung und die sog. Beneš-Dekrete, in: Transit. Europäische Revue, H. 23/2002, S. 103ff.

ideell (erinnerungspolitisch) unmissverständlich ablehnenden Haltung der Bundesrepublik gegenüber den Vertriebenenverbänden würde gegenüber den osteuropäischen Nachbarn deutlich machen, dass die Perspektive der bilateralen Beziehungen in einer Zukunft liegt, die nicht *einseitig* mit der Vergangenheit belastet werden soll – weder durch materielle, noch doch ideelle Forderungen.

Den sozialpsychologischen Hintergrund der bezüglich der Forderungen der Vertriebenenverbände bestehenden innerdeutschen Ambivalenzen bildet eine neurotische Involvierung weiter Teile der bundesdeutschen Gesellschaft in den Themenkomplex Flucht und Vertreibung. Der Mythos der »Selbstviktimisierung« (Katrin Hammerstein)[14] lag bereits in der Wiege der Bundesrepublik und wurde bis heute – nachdem Deutschland seine volle staatliche Souveränität erlangt hat und somit staatsrechtlich betrachtet erwachsen geworden ist – nicht als infantiles Relikt abgelegt, sondern ausgiebig gepflegt. Mit Freud lässt sich in diesem Kontext von dem überindividuellen Bemühen um erinnerungspolitische »Schiefheilung« sprechen,[15] dem Versuch der Kompensation eigener Schuld, die nicht hinreichend reflektiert oder aufgearbeitet wurde, durch die Kultivierung eines projektiven Mythos kollektiver Unschuld. Mit zunehmendem Zeitlauf wird die Last der verdrängten und inzwischen intergenerativ tradierten Schuld dabei offenbar immer stärker, was zugleich auch die Kompensationsbemühungen von Verdrängung und Verleugnung zunehmen lässt – bis hin zu der von Vertriebenenseite gewünschten Monumentalisierung des Mythos kollektiver Unschuld durch ein deutsches Vertreibungszentrum.

Das politische wie psychologische Kernproblem in diesem Prozess projektiver Abwehr bleibt die fehlende kritische Aufarbeitung der *eigenen* Vergangenheit: Denn die nicht selten seltsam anmutenden Bußrituale in der deutschen Öffentlichkeit haben oft mehr von einer Entlastung der Täterschaft der eigenen Eltern und Großeltern durch das Auflösen der konkreten Taten in abstrakte Gewaltphänomene, in die Phantasie von situativen Handlungszwängen oder die Egalisierung von Opfern und Tätern in einem allgemeinen und diffusen Ohnmachtsgefühl, als dass sie Ausdruck des Versuches wären, die nationalsozialistische Barbarei in den jeweiligen Familiengeschichten auf- und durchzuarbeiten, sie zu reflektieren und somit dem Wiederholungszwang des rituellen Gedenkens ohne reale Erinnerung entkommen zu können:

»Statt sich hinter der Abwehr zu verschanzen und immer weitere Beweise zu sammeln, um sich vor den Zumutungen der Selbsthinterfragung zu schützen,

---

14 Katrin Hammerstein: Deutsche Geschichtsbilder vom Nationalsozialismus, in: Aus Politik und Zeitgeschichte. Beilage zur Wochenzeitung Das Parlament v. 15.1.2007, S. 27.
15 Vgl. Sigmund Freud: Massenpsychologie und Ich-Analyse, in: Ders.: Gesammelte Werke, Bd. XIII, Frankfurt a.M. 1999, S. 159.

sollten die Deutschen die Herausforderung annehmen und die Normalität der Verbrechen als Produkt einer spezifischen politischen Kultur und Mentalitätstradition begreifen. Eine solche Auseinandersetzung erweist sich als umso dringender, als die aktuelle Situation in Deutschland mit ihren besonders intensiven Selbstverständnisdebatten genügend Anlass bietet, die eigene ‚Normalität' anzuzweifeln.«[16]

Als zentrale erinnerungspolitische Erkenntnis muss hierbei gelten, was Elisabeth Brainin, Vera Ligeti und Samy Teicher über die Massenvernichtung der europäischen Juden aus psychoanalytischer Perspektive gesagt haben: »Man kann diese Realität nur als solche wahrnehmen, verarbeiten kann man sie nicht.«[17] Die Wiederkehr des Verdrängten erhält nur dann einen Ausweg in Richtung kritischer Aufarbeitung der Vergangenheit, wenn die Kinder- und Enkelgeneration der deutschen Täter/innen die Erkenntnis zulässt, dass das NS-Regime (auch und besonders in den so genannten Sudetengebieten) eine große Zustimmung in der deutschen Bevölkerung – also bei den eigenen Eltern und/oder Großeltern – hatte, dass die überwältigende Mehrheit der Deutschen an der Massenvernichtung der europäischen Juden aktiven und passiven Anteil hatte (sei es durch aktives Handeln bei Enteignungen, Plünderungen, Denunziationen, Erschießungen, Deportationen usw., sei es durch Beschweigen und Unterlassen von Widerstand, sei es durch die Verbreitung von antisemitischen und rassistischen Ressentiments, sei es durch das Verschweigen der Verbrechen oder das Profitieren aus Zwangsarbeit und »Arisierung«) und dass die Volkstums- und Vernichtungspolitik deshalb in einer derart barbarischen Weise umgesetzt werden konnte, weil es einen sehr weitreichenden Konsens zwischen NS-Führung und deutscher Bevölkerung gab. Insofern würde es gleichermaßen um ein Auf- und Durcharbeiten im kollektiven Gedächtnis der Nation, aber andererseits auch im individuellen Sinn der eigenen Familiengeschichte gehen:

> »Man darf vielleicht sagen, daß eigentlich nur der vom neurotischen Schuldgefühl frei ist und fähig, den ganzen Komplex zu überwinden, der sich selbst als schuldig erfährt, auch an dem, woran er im handgreiflichen Sinne nicht schuldig ist.«[18]

---

16 Ingrid Peisker: Vergangenheit, die nicht vergeht. Eine psychoanalytische Zeitdiagnose zur Auseinandersetzung mit dem Nationalsozialismus, Giessen 2005, S. 452.
17 Elisabeth Brainin/Vera Ligeti/Samy Teicher 1993: Vom Gedanken zur Tat. Zur Psychoanalyse des Antisemitismus, Frankfurt a.M. 1993, S. 52.
18 Theodor W. Adorno: Schuld und Abwehr. Eine qualitative Analyse zum *Gruppenexperiment*, in: Ders.: Gesammelte Schriften Bd. 9.2, Frankfurt a.M. 1997, S. 320.

So lange allerdings, wie Schuld und Verantwortung für die nationalsozialistische Volkstums- und Vernichtungspolitik projiziert und damit innenpolitisch in Deutschland jedwede Versuche der Täter-Opfer-Inversion nicht kategorisch zurückgewiesen werden, bleibt eine kritische Aufarbeitung der Vergangenheit stets auch aufgrund der halbierten Empathie des neuen deutschen Opferdiskurses unmöglich, da die Trauer um die Opfer des Nationalsozialismus abgewehrt wird zugunsten des Mitleids mit sich selbst.[19] Voraussetzung für eine konstruktive Gestaltung der deutsch-tschechischen Beziehungen in der Zukunft wäre damit, dass die Bundesrepublik sich ihrer erinnerungspolitischen Verantwortung offensiv stellt und Abstand nimmt von der bisherigen Politik der konsequenten Inkonsequenz.

---

19 Die Grundtendenzen dieses Phänomens wurden bereits von Alexander und Margarete Mitscherlich (Die Unfähigkeit zu trauern. Grundlagen kollektiven Verhaltens, München 1977) beschrieben.

»Chemische Auflösung«

Anmerkungen zum sudetendeutschen Volkstumskampf gegen die Tschechoslowakei

Auf die Frage, warum die Deutschen aus der Tschechoslowakei ausgewiesen worden sind, geben die Publizisten Georg Herde und Alexa Stolze eine deutliche Antwort: Die Masse der Sudetendeutschen habe unter ihren Führern, wie Konrad Henlein oder Karl Hermann Frank, an der Zerschlagung der Tschechoslowakei mitgewirkt und später sei ein Großteil von ihnen an den Untaten gegenüber den Tschechen beteiligt gewesen.[1] Dabei hatte der Henlein-Faschismus seine »eigenen ideologischen und organisatorischen Wurzeln in den Sudetenländern«, das heißt geografisch betrachtet in den nördlichen und westlichen Grenzregionen der Tschechoslowakei.[2] Allerdings beginnt die Geschichte des völkischen Kampfes der Sudetendeutschen gegen den tschechoslowakischen Staat bereits weitaus früher.

Doch bevor auf die Politik der Sudetendeutschen eingegangen werden soll, zunächst zu den Begriffen sudetendeutsch, Sudetenland etc. Bei diesen Termini handelt es sich um politische Kampfbegriffe. Geprägt wurden sie durch die Sudetendeutsche Partei:

> »Keine einzige der deutschen politischen Parteien, die sich nach 1918 auf dem Boden der Tschechoslowakei konstituierten, firmierte ,sudetendeutsch' [...] Das änderte sich erst Ende 1933 mit dem Auftreten von Konrad Henleins ,Sudetendeutscher Heimatfront', die später als ,Sudetendeutsche Partei' (SdP) auftrat.«[3]

So spricht Frederic Walter Nielsen davon, dass es sich bei dem Begriff Sudetendeutsche um ein »erst seit Beginn dieses Jahrhunderts gebräuchliches Pseudonym« handele.[4] Dieses Pseudonym – der Historiker Wolfgang Wippermann nennt es treffender

---

1   Vgl. Georg Herde/Alexa Stolze: Die Sudetendeutsche Landsmannschaft. Geschichte, Personen, Hintergründe – eine kritische Bestandsaufnahme, Köln 1987, S. 70.
2   Vgl. Rudolf Jaworski: Die Sudetendeutschen als Minderheit in der Tschechoslowakei 1918–1938, in: Wolfgang Benz (Hg.): Die Vertreibung der Deutschen aus dem Osten. Ursachen, Ereignisse, Folgen, akt. Neuaufl., Frankfurt a. M. 1996, S. 42.
3   Johann Wolfgang Brügel: Tschechen und Deutsche 1918–1938, München 1967, S. 117.
4   Vgl. Frederic W. Nielsen: Vertriebene Vertreiber in der Tschechoslowakei (1938–1946). Eine notwendige Richtigstellung und eine verspätete Vergangenheitsbewältigung, Östringen 1995, S. 10.

»Kunstwort«[5] – wurde von den Angehörigen der deutschen Minderheit zur Eigenklassifizierung und zur Abgrenzung gegen den tschechoslowakischen Staat eingeführt. Dieser Staat wurde gegen Ende des Ersten Weltkrieges am 28. Oktober 1918 durch einen Nationalausschuss in Praha ausgerufen. Zur Gründung der Tschechoslowakischen Republik war es gekommen, weil die Bereitschaft besonders unter den Tschechen, aber auch unter den Slowaken, weiterhin in der Habsburgermonarchie ohne grundlegenden Staatsumbau zu verbleiben, in den letzten Kriegsmonaten immer mehr zurückgegangen und schließlich fast nicht mehr vorhanden war. Die Legitimität der Tschechoslowakischen Republik wurde anschließend durch die Pariser Vorortverträge (1919/20) bestätigt. Die neu gegründete Republik umfasste die ehemals zur k.u.k. Monarchie Österreich-Ungarn gehörenden Gebiete Böhmen und Mähren, Teile Schlesiens, die Slowakei und Karpato-Russland.

In der parlamentarischen Republik der Tschechoslowakei war das allgemeine Wahlrecht ebenso garantiert, wie die Individual- und Menschenrechte. Allerdings fehlten (völkische) Kollektivrechte, etwa für die deutsche Minderheit, fast vollkommen. Weil die Angehörigen der deutschen Minderheit staatlicherseits als deutsch sprechende Tschechoslowaken angesehen wurden, erhielten sie ebenso wenig gesonderte Gruppenrechte wie alle anderen Bürger der Tschechoslowakei. Teil dieses Demokratieverständnisses war es, dass die Sudetendeutschen ungehindert – wie alle anderen auch – durch eigene Parteien ihre Interessen im parlamentarischen System vertreten konnten. Neben einem Bevölkerungsanteil von gut siebenundsechzig Prozent Tschechen und Slowaken, bildeten die Sudetendeutschen mit etwa zweiundzwanzig Prozent die zweitstärkste Gruppe unter den rund vierzehn Millionen tschechoslowakischen Staatsbürgern, gefolgt von Ungarn (fünf Prozent), Ukrainer (drei Prozent) und Polen (ein Prozent).[6]

Anlass für den Protest und späteren Kampf der Sudetendeutschen gegen die Tschechoslowakische Republik waren die bereits in den Friedensverträgen nach Ende des Ersten Weltkriegs festgelegten Grenzlinien und das damit verbundene Verbot der Bildung eines Großdeutschen Reiches. Da die Gebiete im Norden der Tschechoslowakei, in denen der Großteil der Sudetendeutschen lebte, ökonomisch eng mit Österreich und dem Deutschen Reich verbunden gewesen waren und die Sudetendeutschen in der Habsburgermonarchie politisch-gesellschaftlich eine Vormachtstellung inne hatten, fürchteten sie um den Verlust dieser Vorteile. In der Praxis konnte jedoch keines-

---

5 Wolfgang Wippermann: Umstrittene Vergangenheit. Fakten und Kontroversen zum Nationalsozialismus, Berlin 1998, S. 87.
6 Vgl. Jörg K. Hoensch: Geschichte der Tschechoslowakei, 3. Aufl., Stuttgart/Berlin/Köln 1992, S. 37.

wegs von einer systematischen Unterdrückung der Sudetendeutschen im »Vielvölkerstaat« Tschechoslowakei gesprochen werden, denn was sie aufgeben mussten, waren nur ihre gesellschaftliche Vormachtstellung und ihr politischer Führungsanspruch: »Infolge des Abbaus der überdimensionierten öffentlichen Verwaltung sank der deutsche Anteil bei den Staatsbediensteten unter den Bevölkerungsproporz. Gleichwohl hatte die überwiegende Mehrheit der Deutschen auch weiterhin die Möglichkeit, ihre Muttersprache als Amtssprache zu benutzen. Eine gezielte soziale oder wirtschaftliche Diskriminierung fand nicht statt. Gerade die deutsche Minderheit konnte ihr gut entwickeltes Schul- und Bildungssystem, die kulturellen Einrichtungen und ein breites Pressespektrum in der Ersten Republik mit relativ großzügiger staatlicher Förderung aufrechterhalten, wenn auch Klagen über Behinderungen nie verstummten.«[7]
Der Kampf der Sudetendeutschen war somit in seinen Grundkonstanten ein explizit völkisch motivierter, der eine Angliederung der so genannten Sudetengebiete an das Deutsche Reich erstrebte. Er stand dem antifeudalen, nationalstaatsorientierten und emanzipatorischen Streben der Tschechen entgegen, das zur Gründung der Tschechoslowakei geführt hatte.
Rudolf Jahn beschreibt in einer Biographie über Konrad Henlein von 1938, wie die Konstituierung dieser »sudetendeutschen Volksgemeinschaft« vonstatten ging: »Da dem Sudetendeutschtum zur Schaffung der völkischen Einheit keinerlei Machtmittel zur Verfügung standen, war es von vornherein klar, dass die völkische Neuordnung zunächst eine Erziehungsfrage war: Erziehung zum völkischen Bewusstsein und zur Volksgemeinschaft, zu einem starken politischen Willen und zu tatbereiter Abwehr.«[8]
Ende März 1938 wurde Henlein dann von Hitler instruiert, unannehmbare Forderungen an den tschechoslowakischen Staat zu stellen, um die »völkische Neuordnung« auch durchsetzen zu können: »Wir müssen also immer so viel fordern, dass wir nicht zufriedengestellt werden können.«[9]
Ziel der SdP war es, entfachte Spannungen in den sudetendeutschen Gebieten aufrecht zu erhalten und so zu steigern, dass nur durch den Anschluss an Deutschland noch eine Befriedung möglich erscheinen sollte. Mit ihren acht Forderungen des *Karlsbader Programms* gelang der SdP im April 1938 die Umsetzung dieses Schachzuges:

---

7   Gemeinsame deutsch-tschechische Historikerkommission (Hg.): Konfliktgemeinschaft, Katastrophe, Entspannung. Skizze einer Darstellung der deutsch-tschechischen Geschichte seit dem 19. Jahrhundert, München 1996, S. 25.
8   Rudolf Jahn: Konrad Henlein – Leben und Werk des Turnführers, Karlsbad-Drahowitz/Leipzig 1938, S. 49.
9   Konrad Henlein gegenüber Adolf Hitler, zit. n.: Wolfgang Michalka (Hg.): Deutsche Geschichte 1933–1945. Dokumente zur Innen- und Außenpolitik, überarb. Neuaufl., Frankfurt a. M. 1994, S. 151.

»Die acht Punkte waren als Autonomie getarnt, hätten aber bei ihrer Verwirklichung praktisch einer Vereinigung mit Deutschland entsprochen. Die acht Punkte forderten das Recht auf ‚deutsches Volkstum und die deutsche Weltanschauung'. Es konnten wenig Zweifel darüber bestehen, was ‚deutsche Weltanschauung' war. Das Programm war geschickt entworfen: unannehmbar für die Tschechen, und in seiner Absicht für jeden Sudetendeutschen, der bereit war, zwischen den Zeilen zu lesen, völlig klar.«[10]

Zwar hatte Hitler am 30. Mai 1938 erklärt, dass es sein »unabänderlicher Entschluss« sei, die Tschechoslowakei »in absehbarer Zeit durch eine militärische Aktion zu zerschlagen«.[11] Doch wurde anstelle einer hierin angedeuteten militärischen Okkupation der »chemische Auflösungsprozess« der Tschechoslowakei – so nannte es der Staatssekretär im Auswärtigen Amt, Ernst von Weizsäcker – forciert.[12] Die Basis hierfür bildete die sudetendeutsche Bevölkerung: Bei den Gemeindewahlen im Sommer 1938 brachte es die Sudetendeutsche Partei in einigen Gemeinden auf bis zu über 90 Prozent der Stimmen. Und die Sudetendeutschen drängten geradezu in die faschistische Henleinbewegung – fast jeder zweite war Mitglied.
Weil die Sudetendeutschen die entfachten Unruhen aufrechterhielten und die deutsche Propaganda die Aktionen als sudetendeutschen Selbstschutz ohne Beteiligung der Nationalsozialisten darstellte, konnte Hitler gegenüber den Westmächten mit Unterstützung Mussolinis auf der Münchener Viermächtekonferenz vom 29./30. September 1938 das *Münchner Abkommen* durchsetzen. Dabei ging es »längst nicht mehr um verletzte Minderheitenschutzgesetze oder um das Selbstbestimmungsrecht der Sudetendeutschen, sondern um die Zerschlagung der Tschechoslowakei«, wie der Historiker Rudolf Jaworski betont.[13] Ein großer Teil der nichtdeutschen Bevölkerung wurde aus den Gebieten, die Deutschland zugeschlagen wurden, vertrieben, viele davon ermordet, wobei so genannte Bessarabien- und Dobrudscha-Deutsche Höfe und Ländereien der enteigneten jüdischen und tschechischen Bauern erhielten.
Bei den Reichstagsergänzungswahlen Ende 1938 stimmten bei einer Wahlbeteiligung von fast hundert Prozent unter den Sudetendeutschen über 98 Prozent für die Nationalsozialisten, wobei ein möglicher Einwand – dass diese Wahlen nicht mehr frei

---

10 Ronald M. Smelser: Das Sudetenproblem und das Dritte Reich 1933–1938, München/Wien 1980, S. 198.
11 Adolf Hitler am 30. Mai 1938, zit. n.: Michalka 1994, S. 154.
12 Ernst von Weizsäcker: Außenpolitische Situationsanalyse angesichts der Sudetenkrise, zit. n.: Michalka 1994, S. 156.
13 Rudolf Jaworski: Die Sudetendeutschen als Minderheit in der Tschechoslowakei 1918–1938, in: Wolfgang Benz (Hg.): Die Vertreibung der Deutschen aus dem Osten. Ursachen, Ereignisse, Folgen, akt. Neuaufl., Frankfurt a. M. 1996, S. 43.

stattfanden – zu kurz greift: Volker Zimmermann hat in einer historischen Untersuchung die Stimmen der Sudetendeutschen und die der Tschechen verglichen, wobei letztere eher geneigt waren, gegen die Einheitsliste zu stimmen. Auf tschechischer Seite gab es zwar »nur« 16,5 Prozent Nein-Stimmen und 2,5 Prozent ungültige Stimmen, aber diese machten wiederum 93 Prozent aller Nein-Stimmen und 68 Prozent aller ungültigen Stimmen aus. Konsequenterweise stand der Reichsgau Sudetenland bezüglich der Mitgliedschaften in der NSDAP in Relation zur Bevölkerungsstärke auch an der Spitze aller NSDAP-Gaue. Kein Wunder also, dass von einer »sudetendeutschen Avantgarde des Volkstumskampfes« gesprochen werden kann.[14]

Nach der Zerschlagung der so genannten Rest-Tschechei am 16. März 1939 wurde jeder Widerstand gegen das NS-Regime, wie beispielsweise die Liquidierung des »Henkers von Prag«, Reinhard Heydrich, mit Terror beantwortet – exemplarisch genannt sei die Zerstörung des tschechischen Dorfes Lidice, bei der alle männlichen Einwohner, die älter als sechzehn Jahre waren, umgebracht und die weiblichen, sofern sie das Massaker überlebt hatten, in das KZ Ravensbrück oder ins Gefängnis deportiert wurden. Auch die überlebenden Kinder wurden mehrheitlich verschleppt.

Doch die deutschen Pläne bezüglich der tschechischen Bevölkerung gingen noch weiter. Hitler erläuterte:

»Wir werden die Tschechen und Böhmen nach Sibirien oder in die wolhynischen Gebiete verpflanzen, wir werden ihnen in den neuen Bundesstaaten Reservate anweisen. Die Tschechen müssen heraus aus Mitteleuropa.«[15]

Und Karl Hermann Frank führte im April 1944 anlässlich einer Tagung der NSDAP-Prominenz des Gau Sudetenland in Karlova Studánka aus:

»Das Fernziel nationalsozialistischer Reichspolitik in Böhmen und Mähren muss auf die Wiedergewinnung des Bodens der auf ihm siedelnden Menschen für das deutsche Volkstum und für die Reichsidee gerichtet sein. [...] Dabei können drei Grundlinien verfolgt werden: 1. Die Umvolkung der rassisch geeigneten, also blutmäßig für uns erwünschten Tschechen. 2. Die Aussiedlung von rassisch unverdaulichen Tschechen und aller destruktiven Elemente der reichsfeindlichen Intelligenzschicht. 3. Die Neubesiedlung dadurch freigewordenen Raumes mit frischem deutschem Blut.«[16]

---

14 Vgl. Volker Zimmermann: Die Sudetendeutschen im NS-Staat. Politik und Stimmung der Bevölkerung im Reichsgau Sudetenland (1938–1945), Essen 1999, S. 290.
15 Adolf Hitler, zit. n.: Herde/Stolze 1987, S. 75.
16 Karl Hermann Frank, zit. n.: Neue Kommentare, H. 7/8, Jg. 18 (1975), S. 10 f.

Die Volksgruppenkonzeption der Sudetendeutschen Landsmannschaft und die sudetendeutsche Volksgruppenforschung

Es fällt schwer, über die Volksgruppenkonzeption der Sudetendeutschen Landsmannschaft (SL) zu sprechen, ohne die Vorgeschichte des sudetendeutschen Volkstumskampfes gegen die Tschechoslowakei und die darauf aufbauende NS-Herrschaft im Reichsgau Sudetenland zu erwähnen. Auch wenn Gegenstand dieses Beitrags die Zeit seit 1945 ist, sind einige knappe Vorbemerkungen zum historischen und begriffsgeschichtlichen Hintergrund nötig – denn ohne diese stünden die im folgenden referierten Konzepte in einem luftleeren, ja ahistorischen Raum.
Im Rahmen der sozial- und geschichtswissenschaftlichen Forschung besteht inzwischen weitgehend Einigkeit darüber, dass zwischen den sudetendeutschen Organisationen der faschistischen Henlein-Bewegung und der Sudetendeutschen Landsmannschaft in der frühen Bundesrepublik in personeller Hinsicht eine starke Kontinuität bestand, die auch organisationssoziologisch ihren Niederschlag gefunden hat.[1]
Ideologisch betrachtet verhält es sich dabei nicht grundsätzlich anders: das Motiv »Volksgruppe« ist ebenso ein Produkt der ersten Hälfte des 20. Jahrhunderts, wie der Terminus »Sudetendeutsche«. Auch wenn die Entstehung des Begriffes »sudetendeutsch« für gewöhnlich auf 1902/03 datiert wird, erfuhr er seine Popularisierung gleichermaßen infolge des Ersten Weltkriegs, wie auch der Begriff der Volksgruppe.[2] Beide Begriffe eint, dass sie in antiliberaler Intention geprägt wurden, der eine als »Kunstwort« (Wolfgang Wippermann)[3] zur völkischen Abgrenzung gegen die tschechoslowakische Demokratie und die in ihr verwirklichte bürgerliche Gleichheit, der andere als völkische Grundierung des Kampfes gegen die bürgerlich-demokratische Minderheitenpolitik des Völkerbundes. Wenn also im folgenden von Volksgruppenkonzeptionen seit Ende des Zweiten Weltkriegs die Rede sein wird, gilt es zu berücksichtigen, dass diese keineswegs »vom Himmel gefallen« sind, sondern ihre Ursprünge in den Schriften von denjenigen Autoren im Umfeld der so genannten Konservativen

---

1   Vgl. Eva Hahnová/Hans Henning Hahn: Sudetoněmecká vzpomínání a zapomínání, Praha 2002; Tobias Weger: Sudetendeutsche Organisationen in der Nachkriegszeit: Zwischen »Volkstumskampf« und Vertriebenenintegration im Kontext des »kalten Krieges« (Diss.), Oldenburg 2004.
2   Vgl. Samuel Salzborn: Grenzenlose Heimat. Geschichte, Gegenwart und Zukunft der Vertriebenenverbände, Berlin 2000, S. 33ff.
3   Wolfgang Wippermann: Umstrittene Vergangenheit. Fakten und Kontroversen zum Nationalsozialismus, Berlin 1998, S. 87.

Revolution haben, die sich an dem von Max Hildebert Boehm später auf den Begriff gebrachten Theorem vom »eigenständigen Volk« orientierten.[4]

***

Im folgenden soll versucht werden, die Beziehungen zwischen der Volksgruppenkonzeption der Sudetendeutschen Landsmannschaft auf der einen und den Vorstellungen der sudetendeutschen Volksgruppenforschung auf der anderen Seite herauszuarbeiten. Beides ist historiografisch nur schwer voneinander zu trennen, weil weder die Sudetendeutsche Landsmannschaft noch die Volksgruppentheoretiker jemals auf diese Differenzierung orientiert haben – im Gegenteil: Grenzen zwischen Wissenschaft und Politik sind nicht festzustellen, die Übergänge sind fließend. Einen anschaulichen Eindruck über dieses Wechselverhältnis zwischen politischer Organisation und akademischer Wissenschaft im sudetendeutschen Selbstverständnis gibt hierbei ein Beitrag, der im Sommer des Jahres 1976 in der *Sudetendeutschen Zeitung* unter dem Titel »Die Verantwortung des sudetendeutschen Akademikers für seine Volksgruppe« veröffentlicht wurde. Der Verfasser des Beitrags war der Völkerrechtler und Volksgruppentheoretiker Prof. Dr. Otto Kimminich, seines Zeichens Schüler von Prof. Dr. Hermann Raschhofer und später Co-Autor der aktualisierten Auflage des von Raschhofer verfassten sudetendeutschen Standardwerks *Die Sudetenfrage*.[5] Die Kombination von Autor, Thema und Publikationsort mögen bereits andeuten, wie eng das Verhältnis von Sudetendeutscher Landsmannschaft und sudetendeutscher Wissenschaft in Fragen der Volksgruppentheorie zu dieser Zeit war.

Kimminich entwickelte in seinem fast zweiseitigen Aufsatz (was für die *Sudetendeutsche Zeitung* ein überdurchschnittlich langes Format ist) ein sowohl historisches, wie auch volksgruppentheoretisches Konzept über das Verhältnis von völkischer Wissenschaft auf der einen und dem, was er unter der »sudetendeutschen Volksgruppe« verstand, auf der anderen Seite.[6] Ihm war es dabei wichtig grundsätzlich zu betonen, dass es

> »sudetendeutschem Denken und Fühlen absolut widersprechen würde, eine irgendwie geartete Sonderstellung der Akademiker zu postulieren. Wenn sich

---

4　Vgl. Max Hildebert Boehm: Das eigenständige Volk. Volkstheoretischen Grundlagen der Ethnopolitik und Geisteswissenschaften, Göttingen 1932.

5　Vgl. Hermann Raschhofer: Die Sudetenfrage. Ihre völkerrechtliche Entwicklung vom Ersten Weltkrieg bis zur Gegenwart, München 1953 (2. erw. Aufl. 1988 zusammen mit Otto Kimminich).

6　Vgl. Otto Kimminich: Die Verantwortung des sudetendeutschen Akademikers für seine Volksgruppe, in: Sudetendeutsche Zeitung vom 18. Juni 1976, S. 5f.

sudetendeutsche Akademiker auf einem sudetendeutschen Tag zu einer Feierstunde zusammenfinden, dann tun sie dies wie jede andere Berufsgruppe als Teil einer Schicksalsgemeinschaft im Bewußtsein ihrer engen Verbundenheit mit allen anderen Schicksalsgefährten.«

Die »erste Aufgabe des Akademikers« sah Kimminich dabei darin,

»die vielen Einzelkenntnisse der verschiedensten geisteswissenschaftlichen Disziplinen so zu ordnen und miteinander zu verknüpfen, daß die Grundlage für das Gesamtverständnis entsteht. Dieses Gesamtverständnis ist seinerseits sozusagen der Mutterboden, auf dem die Gewächse der Volksgruppenkultur gedeihen können. Kulturpflege ist immer Sache des ganzen Volkes bzw. der ganzen Volksgruppe.«

In Bezug auf die Volksgruppenkonzeption ist festzuhalten, dass Kimminich diese als »Schicksalsgemeinschaft« definierte. Er war darum bemüht, soziale bzw. berufliche Interessenwidersprüche aus dem Erfahrungshorizont der Volksgruppe herauszuredigieren und diese damit soziologisch betrachtet als ein homogenes Gebilde zu unterstellen. Dem Akademiker wies er dabei die Aufgabe zu, das theoretische Fundament für die praktische Politik- und Kulturarbeit der Volksgruppenorganisation zu schaffen. Die metaphorische Verwendung der Begriffe »Mutterboden« und »Gewächse« macht das organische Verständnis dieses Wechselverhältnisses deutlich, das gleichermaßen auf die antizipierte Einheit der Volksgruppe in der Gegenwart verweist, wie auf die quasi übergeschichtliche Verwurzelung des Sudetendeutschtums. Kimminichs gesellschaftliche Standortbestimmung der sudetendeutschen Volksgruppe in der Bundesrepublik der 1970er Jahre liest sich dann konsequenterweise auch folgendermaßen:

»1. die sudetendeutsche Volksgruppe existiert noch, 2. die sudetendeutsche Volksgruppe verfügt über ein kulturelles Erbe, das der Betreuung und Pflege bedarf, nicht nur im Sinne des Archivierens und Bewahrens, sondern im Sinne des Lebendigerhaltens.«

Das »Lebendigerhalten« der als homogenes Kollektiv verstandenen Volksgruppe zielt dabei neben dem laut Kimminich überaus nötigen Einsatz für die »Verwirklichung des Heimatrechts« und dessen völkerrechtliche Verankerung in volksgruppentheoretischer Dimension in folgende Richtung:

»Existenzgrundlage bleiben die konstitutiven Elemente der Volksgruppe, deren Erhaltung eine natürliche Pflicht der Volksgruppenorganisation und der einzelnen Angehörigen der Volksgruppe ist. [...] Die Binnendeutschen, deren Staat nach 1945 so entsetzlich zusammengeschrumpft ist, brauchen uns – nicht nur als einzelne, sondern gerade auch als Volksgruppe –, um ihren Staat auch in kultureller und geistiger Beziehung als das zu erhalten, was er im Rechtssinne kraft des Grundgesetzes ist, wie es das Bundesverfassungsgericht erst kürzlich wieder bestätigt hat: Deutschland.«

Kimminich sprach in seinem Aufsatz damit einige Motive an, die sich auch in der für die Sudetendeutsche Landsmannschaft programmatisch bedeutsamen *Detmolder Erklärung* vom 25. Januar 1950 finden. Dort hieß es:

»Die sudetendeutsche Volksgruppe betrachtet es als ihre Aufgabe, sich selbst dem deutschen Volke zu erhalten, ihr Heimatbewußtsein und den Rechtsanspruch auf die Heimat wachzuhalten und ihr grenzdeutsches Erfahrungsgut dem Deutschtum zu vermitteln. Ihr Ziel ist die Wiedergewinnung der Heimat. [...] Die Erfüllung der Aufgabe, Existenz und Substanz der Volksgruppe zu sichern, setzt die Erhaltung und Förderung jedes Einzelnen voraus und verpflichtet alle Sudetendeutschen ohne Unterschied der Herkunft, der Konfession, der Parteizugehörigkeit und des sozialen Standes zu gegenseitiger Hilfeleistung und Zusammenstehen in allen Lebensgebieten.«[7]

Vergleicht man die Ausführungen des Volksgruppentheoretikers Kimminich mit denen der *Detmolder Erklärung*, dann treten zwei zentrale Denkfiguren besonders deutlich hervor: auf der einen Seite wird die sudetendeutsche Volksgruppe in beiden Vorstellungen als ethnische Gemeinschaft beschrieben, von Kimminich auch mit dem in den Publikationen der Vertriebenenverbände auch ansonsten ubiquitär verwandten Begriff der »Schicksalsgemeinschaft«, wobei beide Konzepte davon ausgehen, dass es konstitutive Elemente der sudetendeutschen Volksgruppe gibt, die in der *Detmolder Erklärung* jedoch durch den etwas kryptischen Terminus »Substanz der Volksgruppe« nur vage angedeutet werden; auf der anderen Seite findet sich das Motiv der Heimat bzw. des Heimatrechts, das neben dem Begriff der Volksgruppe überhaupt den Schlüsselbegriff in öffentlichen Artikulationen der Vertriebenenverbände darstellt, nicht nur denen der Sudetendeutschen Landsmannschaft. Diese beiden Motive sollen im folgenden eingehender dargestellt werden.

***

Die Volksgruppe, so der wichtigste Volksgruppentheoretiker der Nachkriegszeit und Träger des Europäischen Karlspreises der Sudetendeutschen Landsmannschaft

---

[7] Zit. n. Ernst Nittner (Hg.): Dokumente zur Sudetendeutschen Frage 1916-1967. Herausgegeben im Auftrag der Ackermann-Gemeinde, überarb. u. erg. Neuaufl., München 1967, S. 352.

(1976), Prof. Dr. Theodor Veiter, sei eine »erlebte und gelebte Gemeinschaft«, die gekennzeichnet sei durch das Leben im Verbande, durch eine gemeinsame Heimat der Gruppenangehörigen sowie das »Eingebundensein in die Geschlechterfolge«, wobei sie sich als Volksteil (ethnos) und »ethnische Schicksalsgruppe« in einem nicht vor ihr allein beherrschten Staat gegenüber einer quantitativ oder qualitativ überlegenen »andersethnischen Mehrheit« behaupten müsse, wenn sie nicht eingeengt werden oder »untergehen« will.[8]

In dieser Vorstellung fungiert die ethnische Identität als *das* den Menschen konstituierende Moment. Den Angehörigen der nach ethnischen Kriterien differenzierten Menschengruppen wird eine »starke Wesensgemeinschaft« zugesprochen, ja gar eine »ethnische Determinierung«, die zu »mehr Gleichförmigkeiten des sozialen Handelns« zwischen den Angehörigen der jeweiligen ethnischen Gruppe führe, als dies zwischen Mitgliedern verschiedener ethnischer Gruppen der Fall sei.[9] Innerhalb der ethnischen Gemeinschaften bestehende soziale Interessenwidersprüche werden aus der Lebensrealität der Menschen herausredigiert, da ihnen aufgrund des ethnischen Primat ihre tatsächliche Relevanz abgesprochen wird.

Ausgangspunkt dieses Konzepts ist das Modell eines »homo ethnicus« – wie der Südtiroler Volksgruppentheoretiker Prof. Dr. Christoph Pan (seineszeichens 2004 Träger des Europäischen Karlspreises der SL) es in Abgrenzung zu Dahrendorfs »homo sociologicus«[10] formuliert hat. Das abstrakte Modell des »homo sociologicus« wird in dieser Theorie auf eine real identifizierbare Gesellschaft übertragen, in der der angeblich wirklichkeitsnähere »homo ethnicus« zwar Träger von Positionen und Rollen bleibe, dabei aber auf einen »bestimmten und einmaligen Kulturkreis«, auf ein »bestimmtes und einmaliges Volk« bezogen sei.[11] Die »verschiedenen Glieder einer Volksgemeinschaft (sic!)«, die aufgrund einer »ethnischen Determinierung« als Kollektivsubjekt firmieren, seien durch eine »objektiv [..] starke Wesengemeinschaft« verbunden, die unabhängig davon bestehe, welchen politischen Gebilden ihre Mitglieder angehören oder angehören wollen:[12]

---

8   Theodor Veiter: Das Recht der Volksgruppen und Sprachminderheiten in Österreich. Mit einer ethnosoziologischen Grundlegung und einem Anhang (Materialien), Wien/Stuttgart 1970, S. 56.
9   Vgl. Christoph Pan: Grundelemente zur Theorie der Ethno-Soziologie, in: Theodor Veiter (Hg.): System eines internationalen Volksgruppenrechts, 2. Teil: Innerstaatliche, regionale und universelle Struktur eines Volksgruppenrechts, Wien/Stuttgart 1972, S. 288.
10 Vgl. Ralf Dahrendorf: Homo Sociologicus. Ein Versuch zur Geschichte, Bedeutung und Kritik der Kategorie der sozialen Rolle, 4. erw. Aufl., Köln/Opladen 1964.
11 Vgl. Pan 1972, S. 287.
12 Vgl. ebd., S. 288.

»Volk läßt sich demnach definieren als ein Generationengebilde, das ein eigenes Kultursystem (Volkstum) besitzt, dadurch eigenständig und historisch identifizierbar ist und sich in objektiven Merkmalen wie Gemeinsamkeit der Abstammung, Sprache oder Siedlung äußern kann.«[13]

Die Kriterien, die zur Bestimmung der von Pan so genannten »Volkssubstanz«[14] – also derjenigen Komponenten, die ein Volk bzw. eine Volksgruppe ausmachen sollen – in der Volkgruppentheorie herangezogen werden, sind vielfältig. Einigkeit besteht darin, dass es Volksgruppen nach »objektiv« bestimmbaren Kriterien geben soll und ihre Herausbildung und das dieser zu Grunde liegende Bewusstsein nicht nur subjektive Reaktionsmechanismen auf eine spezifische Entwicklung in der Moderne und damit das Ergebnis von Klassifikationsprozessen ist. Zur theoretischen Begründung und Stabilisierung der ethnischen kollektiven Separatidentität sind drei sich ergänzende und überlagernde argumentative Motive von Relevanz:

Zunächst handelt es sich um die Frage nach der sozialen und historischen Herkunft der Volksgruppe, die sich einerseits auf das gleichermaßen individuell wie kollektiv verstandene Moment der Abstammung bezieht, wie sie andererseits durch die Betonung des geschichtlichen Motivs einen intergenerativen, quasi-übergeschichtlichen Bedeutungskontext für die Volksgruppe schaffen will.

Das zweite Klassifikationselement zur Bestimmung der ethnischen Basis der Volksgruppentheorie bildet die Sprache, die als mehr als nur ein Kommunikationsmedium verstanden wird und deren Funktion genauso in der Schaffung und Formung einer kollektiven Identität gesehen wird, wie in der intergenerativen Vermittlung der so verstandenen historischen und kulturellen Separateigenschaften.

Das dritte zentrale Motiv bildet das der Kultur, wobei unter diesem Label zahlreiche andere Aspekte summiert werden wie beispielsweise die Sitten, Gebräuche und Traditionen, die Religion und die Gefühlswelt, aber auch die Siedlungs- und Wirtschaftsweise. Diese Kriterien werden in der Volksgruppentheorie im Allgemeinen unter dem Terminus des Volkstums zusammengefasst, worunter all das zu verstehen ist, was »einem Volke auf Grund der historischen Entwicklung an kultureller Substanz gemeinsam ist.«[15] Bedeutsam ist hier die generelle Annahme einer kulturellen Eigen-

---

13 Ebd., S. 289.
14 Vgl. Christoph Pan: Südtirol als volkliches Problem. Grundriß einer Südtiroler Ethno-Soziologie, Wien/Stuttgart 1971, S. 8.
15 Bernd von Maydell: Inhalt und Funktionen eines modernen Volksgruppenrechtes, dargestellt am Anspruch der Volksgruppen auf eigene Schulen in Deutschland (Diss.), Marburg 1960, S. 87.

art, so dass durchaus real bestehende, sozial und historisch begründbare und damit auch revidierbare Differenzen unter argumentativer Zuhilfenahme der Klassifizierungselemente Herkunft und Sprache naturalisiert und somit entsozialisiert werden, um so das Konstrukt einer kollektiven Differenz auf allen gesellschaftlichen Ebenen zu manifestieren.

Die historisch, sprachlich und kulturell konstruierten ethnischen Differenzen markieren dabei eine verbindliche »Struktur der Grenzziehung«, wie Albert F. Reiterer es formuliert hat.[16] Die als unabänderlich unterstellte kulturelle Differenz zwischen den so genannten Volksgruppen bildet den Legitimationsrahmen, in den potenzielle Differenzen aus allen gesellschaftlichen Bereichen integriert werden können, um sie dann zu naturalisieren und das »Verschwinden des Sozialen« (Wolfgang Kaschuba) im gesellschaftlichen Diskurs durch ein völkisch homogenes Weltbild zu kompensieren.[17]

Die zugeschriebenen volkstümlichen Eigenarten der Volksgruppe gelten dabei als untrennbar mit dem als Heimat verstandenen geografischen Ort verknüpft, so dass sogar die (freiwillige oder zwanghafte) Migration einer großen Zahl von Angehörigen einer Volksgruppe zu der Annahme führt, diese würde ihre soziale Existenz *als Volksgruppe* kollektiv im »Exil« fortsetzen[18] und dort quasi »überwintern« – so versteht die Sudetendeutsche Landsmannschaft sich ja laut Satzung (§ 1 Abs. 1) auch als »die Gestaltung der sudetendeutschen Volksgruppe außerhalb der Heimat«, wobei die Sudetendeutschen seitens der SL als »Volksgruppe in der Vertreibung« tituliert werden.[19]

Die insbesondere durch die Vertriebenenverbände popularisierte volkgruppenrechtliche Forderung nach einem »Recht auf die Heimat«[20] hat mit dem ursprünglichen Gehalt des historischen Heimatrechts jedoch nichts gemein – und diese Feststellung ist angesichts der politischen Wirkungsmächtigkeit dieses Konzepts seit 1945 überaus bedeutsam.

Im Mittelalter sicherte das Heimatrecht dem ansässigen Dorfarmen die Hilfe seiner Gemeinde und stellte somit den Einbezug des (sozial schwachen) Individuums in die

---

16 Vgl. Albert F. Reiterer: Ethnische Identität und transnationaler Staat (Einleitung), in: Österreichische Zeitschrift für Politikwissenschaft (1991), S. 346.
17 Vgl. Wolfgang Kaschuba: Kulturalismus: Vom Verschwinden des Sozialen im gesellschaftlichen Diskurs, in: Zeitschrift für Volkskunde 91 (1995). S. 27ff.
18 Vgl. Eugen Lemberg: Völker und Volksgruppen im Exil (= Schriftenreihe der Ackermanngemeinde Heft 5), München 1953.
19 Vgl. Mitteilungsblatt der Sudetendeutschen Landsmannschaft Heft 8/1996, S. 226.
20 Vgl. Samuel Salzborn: Heimatrecht und Volkstumskampf. Außenpolitische Konzepte der Vertriebenenverbände und ihre praktische Umsetzung. Mit einem Vorwort von Wolfgang Kreutzberger, Hannover 2001; Samuel Salzborn: Vlast bez hranic. Zahraničněpolitické koncepty německých vysídleneckých svazů, in: Politologická revue 9 (2003), S. 89ff.

personale und genossenschaftliche Ordnung sicher. Es war allgemein üblich, der politischen oder kirchlichen Gemeinde die Verpflichtung aufzuerlegen, alte, arme und gebrechliche Menschen zu unterstützen. Diese konnten sich im Bedarfsfall an die Gemeinde wenden, die durch die Schaffung dieses Unterstützungsverhältnisses zu seiner Heimatgemeinde wurde.[21] Der Begriff des Heimatrechts bezog sich somit auf das menschliche Individuum und hatte dessen Schutz und Integration zum Inhalt. Heimat beschrieb damit den realen und überschaubaren Nahhorizont der Menschen, in dem die zwischenmenschliche Interaktion sich weitgehend im Rahmen des unmittelbaren Verkehrs vollzog. Heimatrecht war ein sozial-ökonomisch motiviertes Recht mit dem Ziel der Übernahme von genossenschaftlicher Verantwortung in diesem gemeinsam von Menschen bewohnten Raum, wobei die Wechselbarkeit der Heimatgemeinde auch zeigt, dass dieser Nahhorizont freilich auch als wechsel- und änderbar angesehen wurde.[22]

Erst im 18. Jahrhundert wurde das Heimatrecht im deutschen Sprachraum auf den Geburtsort bzw. das Faktum der langen Niederlassung an einem Ort bezogen.[23] Insbesondere im Rahmen der deutschen Nationswerdung wandelte sich damit der soziale Heimatbegriff in einen kulturellen. Die Heimat galt nun als bestimmbarer und festgefügter geografischer Raum mit regionalen und kulturellen Besonderheiten, als – in den Worten Veiters – »räumlich eng begrenzte Lebenssphäre«.[24] Hatten bestimmte Momente dieser »heimatlichen Identität« zuvor einen praktischen Nutzen erfüllt (beispielsweise als Arbeitskleidung, die später zur Tracht wurde), wandelten sie sich nun zu einer die Vergemeinschaftung und kollektive Identität fördernden Ideologie. In gleichem Maße, wie der reale Nutzen schwand, gewann die sinnstiftende Komponente an Bedeutung.

Das Heimatrecht sollte nun das Recht auf lokale bzw. regionale Besonderheit umfassen, wobei das »Recht auf die Heimat« auch deutlich die Forderung nach einem Wechsel des Trägers der regionalen oder nationalen Gewalt zum Ausdruck bringt. Denn sobald ein »Recht auf *die* Heimat« in diesem kulturpolitischen Sinn eingefordert wird, wird damit zum Ausdruck gebracht, dass der »natürliche« Zustand der Verknüpfung einer bestimmten Menschengruppe und ihrer »besonderen« Kultur mit

---

21 Vgl. Frans H. E. W. du Buy: Das Recht auf die Heimat im historisch-politischen Prozeß, Euskirchen 1974, S. 27.
22 Vgl. Andrea Bastian: Der Heimat-Begriff. Eine begriffsgeschichtliche Untersuchung in verschiedenen Funktionsbereichen der deutschen Sprache, Tübingen 1995, S. 98ff..
23 Vgl. Buy 1974, S. 27.
24 Theodor Veiter: Sprache als Heimat, in: Ders. (Hg.): Volk und Volkstum im Donauraum. Festgabe für Prof. Dr. Franz Hieronymus Riedl zum 75. Lebensjahr, Wien 1981, S. 15.

einem fest definierten geografischen Raum nicht mehr bestehe und wiederhergestellt werden müsse. Der Volksgruppentheoretiker Prof. Dr. Dieter Blumenwitz fasste die Implikationen des volksgruppenrechtlichen Heimatbegriffs 1998 in einem Vortrag vor den Amtsträgern der Sudetendeutschen Landsmannschaft folgendermaßen zusammen:

»Heimat ist der Lebensraum, der durch die darin lebenden Bewohner einer Volksgruppe geformt wurde, in dem der einzelne seine Familie, seine Freunde, seine wirtschaftlichen Grundlagen und sonstigen Beziehungen hat. Die Heimat ist durch drei Dimensionen gekennzeichnet: Heimat ist 1. der regionale Existenzort, der den Menschen durch seine vielfältigen Eigenheiten formt; 2. der Ort des geschichtlichen Schicksals, an dem sich schon seit langem die auf diesen Menschen bezogene Geschichte ereignet hat und an dem ständig neu die geschichtliche Verpflichtung besteht, das durch die Arbeit der Väter Geschaffene gegen Bedrohungen von innen und außen zu schützen und 3. muß die Heimat verstanden werden als der Ort der Geborgenheit für den einzelnen. Im Mittelpunkt der juristischen Begriffsbestimmung der Heimat steht der Raum. Heimat im Rechtssinne ist jener ererbte und freigewählte Ort, wo der Mensch die ihm zukommenden Rechte in Anspruch nimmt, um die ihm obliegenden Pflichten erfüllen zu können. Soll der Raum Heimat (und nicht nur Wohnsitz i.S. von Aufenthalt) sein, müssen drei Elemente hinzukommen: die soziale, die kulturell/geistige und die naturale Umwelt.«[25]

Die im Heimatbegriff kulminierende Verknüpfung eines eternisierten ethnischen Moments kollektiver Prägung mit der kulturschöpfenden Implikation konstituiert somit eine ethno- und raumpolitische Vorstellung, bei der das jeweilige Volkstum zum integrativen und unverzichtbaren Element der entsprechenden Regionen verklärt wird und dessen kulturbringende Tätigkeit als untrennbar an den jeweiligen Raum gekoppelt erscheinen soll. Aus der vormodernen Heimat als einem individuellen Raum zum Leben wird so der völkisch-kollektive Lebensraum, in dem Heimat zur Narration und Fiktion geworden ist. Unter Proklamation des ethnischen Primats wird für die Volksgruppen politisch ein »Recht auf ihren Boden« eingefordert, das wie Prof. Dr. Guy Héraud – 1987 Träger des Europäischen Karlspreises der Sudetendeutschen Landsmannschaft – schreibt ein »Recht auf die Rückkehr in das Land ihrer

---

25 Dieter Blumenwitz: Heimatrecht, Volksgruppenrecht und Eigentum – Die rechtliche Situation der sudetendeutschen Volksgruppe. Vortrag am 30. Mai 1998 vor den Amtsträgern der SL, in: http://www.sudeten.de/sites/a41-blumenw.htm (Stand: 24. März 2001).

Ahnen« umfasse,[26] und damit auf ein dauerhaftes kollektives Besitzrecht auf Gebiete abgestellt, die zumeist völkerrechtlich unter anderer Hoheit stehen und in denen überdies ethnische Homogenität historisch stets eine Fiktion gewesen ist.
Ihren Niederschlag in der realpolitischen Rhetorik der Sudetendeutschen Landsmannschaft haben die volksgruppen- und heimatrechtlichen Vorstellungen auf verschiedenen Ebenen gefunden. Im Mittelpunkt steht dabei selbstredend das Narrativ einer sudetendeutschen, völkisch-kollektiven Separatidentität, die versucht wird, historiografisch über die wenigen Jahre der realen staatlichen Existenz des so verstandenen Sudetendeutschtums – während des NS-Regimes und der faktischen Besatzung der Tschechoslowakei infolge des *Münchner Abkommens* – hinausgehend zu konstruieren. Die Volkstumspolitik der SL greift dabei auf eine über Jahrhunderte hinweg konstruierte, partikularistisch orientierte Geschichte und Gesinnung als Grundlage zurück. Volk und Territorium gehören in diesem Sinne unmittelbar zusammen. Dieser Partikularismus geht davon aus, dass es Volksgruppen gibt, die erstens völkisch und damit »rassisch« oder kulturell bestimmt über eine gemeinsame Identität verfügen (in Wahrheit stellt er diese her, denn als ethnisch definierte Gruppen sind Zusammenschlüsse, die »sich selbst eine exklusive kollektive Identität zusprechen«[27] und somit imaginierte Konstrukte); die zweitens in einer Jahrhunderte langen und damit als natürlich und unabänderbar betrachteten Tradition und Geschichte stehen; die drittens schützens- oder wiederbelebenswert sind und viertens in der Ausübung ihres so verstandenen Rechtes auf Selbstbestimmung und ihres Heimatrechtes behindert werden. Hier verschränkt sich das sudetendeutsche Ideologem unmittelbar mit einer strukturell antitschech(oslowak)ischen Stossrichtung, die nicht nur die Zugehörigkeit der Sudetendeutschen zur tschechoslowakischen Nation (der Zwischenkriegszeit) aus völkischen Erwägungen in Frage stellt, sondern überdies auch gegen zentrale völkerrechtliche Grundlagen Europas opponiert und damit die historische Anti-Versailles-Ideologie in einer Anti-Potsdam-Ideologie fortsetzt.[28]
Die sudetendeutsche Volksgruppenforschung berührt an dieser Stelle auch unmittelbar die sudetendeutsche Geschichtsschreibung, da die historische Konstruktion einer

---

26 Guy Héraud, zit. n. Heinz Kloss: Volksgruppenrecht und Vertriebenen-Rückkehr. Eine französische Stellungnahme, in: Europa Ethnica 32 (1975), S. 9.

27 Georg Elwert: Nationalismus und Nativismus, in: Dieter Nohlen/Peter Waldmann (Hg.): Wörterbuch zur Politik, Band 6: Dritte Welt. Gesellschaft – Kultur – Entwicklung, München/Zürich 1987, S. 378.

28 Vgl. Eva Hahn/Hans Henning Hahn: Die sudetendeutsche völkische Tradition: Ein tschechisches Trauma des 20. Jahrhunderts, in: Wolfgang Benz (Hg.): Wann ziehen wir endlich den Schlussstrich? Von der Notwendigkeit öffentlicher Erinnerung in Deutschland, Polen und Tschechien, Berlin 2004, S. 29ff.

sudetendeutschen Volksgeschichte die legitimatorische Grundlage für die formulierten volksgruppenrechtlichen Forderungen bildet und zugleich die sudetendeutsche Geschichtsschreibung ohne die Volksgruppenforschung lediglich ein folkloristisches Unterfangen ohne unmittelbar politische Implikation und Intention wäre. Denn erst die Zuspitzung des historisch formulierten Narrativs einer sudetendeutschen Identität zu einer rechtlichen Forderung wie der nach einem europäischen Volksgruppenrecht und nach Umsetzung eines – bis heute im Völkervertragsrecht nicht existenten – »Rechtes auf die Heimat« politisiert diese.

***

Einige der zitierten Volksgruppentheoretiker – Otto Kimminich, Theodor Veiter, Christoph Pan, Guy Héraud – sind von der SL mit ihrer höchsten Auszeichnung, dem Europäischen Karlspreis bedacht worden, anderen, bisher nicht erwähnten Volksgruppentheoretikern wurde dieser ebenfalls verliehen, wie etwa Prof. Dr. Rudolf Laun, Dr. Povl Skadegård oder Prof. Dr. Felix Ermacora. Die in dieser wechselseitigen Anerkennung von Preisverleihung und dessen Annahme ablesbare Verbundenheit von Sudetendeutscher Landsmannschaft und herausragenden Protagonisten der Theorie eines europäischen Volksgruppenrechts markiert relativ deutlich das Verhältnis beider Seiten zueinander, in dem die Frage nach den stimulierenden Elementen nur schwer eindeutig zu beantworten ist: denn da es sich bei der Konstruktion einer Minderheit *als Volksgruppe* eben um ein historisch bedingten, sozial erklärbaren, aber alles in allem letztlich doch fiktiven Vorgang, als »objektiv notwendiges und zugleich falsches Bewußtsein«[29] um eine ideologische Handlung im Sinne Theodor W. Adornos handelt, bedarf die Sudetendeutsche Landsmannschaft genauso der Volksgruppentheoretiker, wie umgekehrt. Die Suche nach dem Ursprung wäre an dieser Stelle also ein wenig wie die nach dem Ursprünglichen in dem Bild von der Henne und dem Ei. Insofern ist hinsichtlich des Verhältnisses von Volksgruppentheorie und Volksgruppenorganisation bzw. deren politischer Positionierung meines Erachtens auch von einem dialektischen Verhältnis auszugehen, das zuvörderst nach der sich in ihm ausdrückenden politischen Implikation zu befragen ist. Denn die zu attestierende Interessenparallelität bei operativer Aufteilung in theoretische und politische Handlungsschwerpunkte bei gleichzeitiger Abstinenz von Abgrenzungen zwischen Wissenschaft und Politik rückt die Frage nach den theoretischen Zielvorgaben in den Mittelpunkt sozialwissenschaftlicher Analyse. Und dieses Ziel sowohl der Landsmannschaft wie der Volksgruppenforschung bestand (und besteht) in der Schaffung eines europäi-

---

29 Theodor W. Adorno: Beitrag zur Ideologienlehre, in: Ders.: Gesammelte Schriften Band 8. Frankfurt a.M. 1997, S. 465.

schen Volksgruppenrechts – das aufgrund seiner kollektivrechtlichen, völkischen und auf die Schaffung von exklusiven Sonderrechten abstellenden Intention nicht verwechselt werden darf mit einem auf individualrechtlichen Antidiskriminierungsansatz orientierenden demokratischen Minderheitenschutz.[30]
Die Rolle, die die Volksgruppenforschung der Sudetendeutschen Landsmannschaft wiederum in Bezug auf die Durchsetzung eines europäischen Volksgruppenrechts zugedacht hat, ist die des politischen und propagandistischen Kampfes zur Unterstützung der völkischen Forschung. Denn, so Veiter in einem in den 1970er Jahren veröffentlichten Beitrag in der *Sudetendeutschen Zeitung*,

> »für die Sudetendeutschen (ist) heute die Schaffung eines tragfähigen Volksgruppenrechts vordringlich, eines Volksgruppenrechts, das allen Volksgruppen zuteil werden muß. So können die Sudetendeutschen Vorkämpfer für ein europäisches, ja internationales Volksgruppenrecht werden und sich damit in eine heute weltweite Strömung einreihen.«[31]

---

30 Vgl. Samuel Salzborn: Individuelle und kollektive Minderheitenrechte im Widerstreit, in: Osteuropa. Zeitschrift für Gegenwartsfragen des Ostens 52 (2002), S. 606ff..
31 Theodor Veiter: Die Sudetendeutschen und das Volksgruppenrecht, in: Sudetendeutsche Zeitung vom 4. Juni 1976, S. 3f.

Zwischen Volksgruppentheorie, Völkerrechtslehre und Volkstumskampf

Hermann Raschhofer als Vordenker eines völkischen Minderheitenrechts[1]

Seit der osteuropäischen Transformation 1989/90 und den seither zunehmenden und vor allem in Ost- und Südosteuropa gewalttätig eskalierten Minderheitenkonflikten wird in Europa mit zunehmender Intensität über mögliche Strategien zur Lösung von gesellschaftlichen Konflikten zwischen Minderheit(en) und Mehrheit(en) diskutiert, auch und gerade hinsichtlich europaweit verbindlicher rechtlicher Standards zum Minderheitenschutz.[2] Im Rahmen der (völker-)rechtlichen Diskussion konkurrieren dabei zwei grundsätzlich unterschiedliche Ansätze miteinander: Auf der einen Seite findet sich der zumeist mit dem Terminus des *Minderheiten*schutzes versehene menschenrechtliche Ansatz, der sich am Individuum orientiert und sich auf dieses als Rechtssubjekt bezieht. In der politischen Tradition der Aufklärung sollen Diskriminierungen aller Art durch Schaffung eines rechtlichen Schutzsystems verhindert werden. Das politische Ziel ist die Überwindung historisch bedingter Ungleichheit durch politische und soziale Integration in bestehende gesellschaftliche Kontexte. Den Widerpart dieses Modells bildet der kollektivrechtlich argumentierende Ethnisierungsansatz des *Volksgruppen*rechts, der auf einem völkisch-antiegalitären Fundament fußt. Hier wird das Gleichheitspostulat grundsätzlich abgelehnt und von einer essentialistischen ethnischen Differenz und einer ethnischen Determinierung von Menschen ausgegangen, die allem politischem und sozialen Handeln zu Grunde liege. Im Mittelpunkt steht hier die als natürliche Gemeinschaft verstandene »ethnische Schicksalsgruppe«. Dem Verständnis eines Volkes als »ethnos« und nicht als »demos« folgend sollen die eingeforderten Sonderrechte nur für – als Volksgruppen titulierte – autochthone Minderheiten gelten, also für solche, die als Staatsangehörige ihres

---

1 Der Aufsatz geht zurück auf einen Vortrag, den ich im April 2004 auf Einladung des Forschungsprogramms »Geschichte der Kaiser-Wilhelm-Gesellschaft im Nationalsozialismus« der Max-Planck-Gesellschaft in Berlin gehalten habe. Neben den Mitarbeiter(inne)n des Forschungsprogramms, insbesondere Rüdiger Hachtmann und Susanne Heim, danke ich Ingo Haar, Eva Hahn und Ulrich Prehn für weiterführende Hinweise und Anregungen. Ebenso gilt mein Dank der Gerda Henkel Stiftung, die durch ihre finanzielle Unterstützung meine Archivrecherchen in Praha ermöglicht hat.
2 Vgl. Sabine Riedel, Instrumentarien des Minderheitenschutzes in Europa, in: Samuel Salzborn (Hg.), Minderheitenkonflikte in Europa. Fallbeispiele und Lösungsansätze, Innsbruck 2006.

Wohnsitzstaates bereits über die gleichen Rechte verfügen, wie alle anderen Bürgerinnen und Bürger auch. Somit soll ein Volksgruppenrecht stets nur für »andersvölkische« Angehörige des jeweiligen »Mehrheitsstaates« gelten und nicht für Flüchtlinge oder Migrantinnen und Migranten. Ziel ist damit die Segregation von Menschen nach ethnisch-völkischen, sprachlichen, kulturellen und bisweilen auch »rassischen« Kriterien durch die Schaffung eines Systems kollektiver Sonderrechte mit dem Ziel der Etablierung von – als ethnisch homogen phantasierten – »Volksgruppenzoos« (Karl Heinz Roth).

Bemerkenswerterweise wird in der europäischen Debatte die Verwendung der Begriffe »Volksgruppe« bzw. »Volksgruppenrecht« dabei eher selten als problematisch wahrgenommen, der Umgang mit diesen Begriffen und denen durch sie beschriebenen Konzepten ist am Beginn des 21. Jahrhunderts zu einer relativen Selbstverständlichkeit geworden – und das, obgleich es sich bei dem Volksgruppenrecht um ein noch recht junges Konzept handelt, das (auch wenn seine Anhänger/innen bisweilen Gegenteiliges zu suggerieren versuchen) eben alles andere als demokratisch ist und auf antiindividuellen, vor-aufklärerischen und völkischen Prämissen beruht. Der Blick in die Geschichte dieses Konzepts führt in die 1920er Jahre und macht auch dessen bedeutungsgeschichtlichen Kontext deutlich.[3]

Nach Ende des Ersten Weltkriegs war im deutschen Sprachraum begonnen worden, die traditionellen Ansätze des religiösen Minderheitenschutzes und der innerstaatlichen Nationalitätenpolitik Österreich-Ungarns zugunsten einer völkerrechtlichen Minderheitenpolitik aufzugreifen, wobei vor dem Hintergrund der europäischen Neuordnung infolge der Pariser Vorortverträge statt eines – bereits seinerzeit in den wesentlichen Grundzügen entstandenen – individualrechtlichen Antidiskriminierungsschutzes ein System ethnisch-kollektiver Sonderrechte etabliert werden sollte. In Anlehnung an die von Max Hildebert Boehm formulierte Theorie des »eigenständigen Volkes« sollte ein Rechtssystem geschaffen werden, das als expliziter Gegenentwurf zur liberalen Minderheitenpolitik des Völkerbundes zu verstehen war. Die theoretische Abgrenzung von dieser wirkte sich auf terminologischer Ebene dahingehend aus, dass nun nicht mehr von Minderheitenschutz, sondern von Nationalitäten- bzw. Volksgruppenpolitik und analog dazu von Nationalitäten- und Volksgruppenrecht die Rede war.

Eine entscheidende Rolle bei der theoretischen Entwicklung des ‚modernen' Nationalitäten- und Volksgruppenrechts spielte Hermann Raschhofer (1905–1979), der besonders mit seinen für die völkische Völkerrechtslehre bis heute prägenden Ar-

---

3 Vgl. hierzu ausführlich: Samuel Salzborn, Ethnisierung der Politik. Theorie und Geschichte des Volksgruppenrechts in Europa, Frankfurt a.M./New York 2005, S. 54ff.

beiten über die *Hauptprobleme des Nationalitätenrechts* (1931) und *Nationalität als Wesen und Rechtsbegriff* (1936/37) hervortrat. Raschhofer gehörte zu jenen jungen Wissenschaftlern, die mit dem Entwurf eines Gegenmodells zum liberalen Minderheitenschutzsystem des Völkerbundes begonnen und diese Konzeption federführend mitgeprägt haben. Unter anderem seiner rechtstheoretischen Legitimation des Nationalitätenrechts waren Teile der nationalsozialistischen Volkstumskonzeption entlehnt, die mindestens bis zum Beginn des Zweiten Weltkriegs entscheidenden Anteil an der NS-Außenpolitik hatte, wie besonders das Beispiel der nationalsozialistischen Sudetenpolitik zeigt – an der Raschhofer auch unmittelbar beteiligt war.
Raschhofer war dabei einer der maßgeblichen rechtstheoretischen Architekten einer anti-aufklärerischen Völkerrechtskonzeption im Bereich des Minderheitenrechts, der mit dem Volksgruppenrecht ein theoretisches Konstrukt für den Kampf gegen die Versailler Ordnung und die liberale Minderheitenpolitik der Völkerbundära mitentwickelt hat und dessen Konzepte – reanimiert durch die Vertriebenenverbände – nach Ende des Zweiten Weltkriegs wiederum als völkerrechtliche Konstruktionen bemüht wurden, um nun die antinazistische Neuordnung Europas durch das Potsdamer Abkommen in Frage zu stellen. Der Schwerpunkt der folgenden Ausführungen wird auf Raschhofers theoretischer Konzeption eines Nationalitäten- bzw. Volksgruppenrechts liegen und diese dabei in Beziehung zu seiner Biografie und seinem praktischen Engagement im Bereich der Volkstumspolitik setzen, insbesondere während der Weimarer Republik und des Nationalsozialismus.

***

Hermann Raschhofer wurde am 26. Juli 1905 in Ried i. Innkreis (Oberösterreich) geboren. Er studierte in Marburg/Lahn, Wien und Innsbruck Rechts- und Staatswissenschaften, legte 1925 seine erste und 1928 seine zweite juristische Staatsprüfung ab und promovierte in Innsbruck 1927 zum Dr. rer. pol. und 1928 zum Dr. jur. Von April 1928 bis März 1930 war er Assistent am Institut für Grenz- und Auslandsstudien in Berlin-Steglitz, anschließend Assistent an der Juristischen Fakultät der Universität Tübingen (SoSe 1930 bis SoSe 1931). Vom Herbst 1931 bis Ende 1933 war Raschhofer Fellow der Rockefeller Foundation in Frankreich (Paris) und Italien (Turin).[4]
Raschhofers wissenschaftliche Interessen, die sich – wie er selbst schrieb – »im Zusammenhang mit praktischer Grenzlandarbeit entwickelten, galten frühzeitig dem

---

4 Zusammengestellt aus: Hermann Raschhofer, Lebenslauf, undatiert; ders., Lebenslauf, 18.7.1939; »Stammblatt« der Akte, undatiert (handschriftliche Ergänzungen bis Ende 1940), Bundesarchiv Berlin Dahlwitz-Hoppegarten (im Folgenden BArchBD-H) ZB/2 1923 Akte 4.

Fragenkreis des Nationalitätenrechts.«[5] Seine wissenschaftspolitische Orientierung wurde dabei nachhaltig durch die Wahl seines Studienortes Marburg und den dort lehrenden Johann Wilhelm Mannhardt geprägt. Mannhardt bekleidete die (eigens für ihn geschaffene) Professur für Grenz- und Auslanddeutschtum am 1919 neu initiierten Institut für Grenz- und Auslanddeutschtum an der Philosophischen Fakultät der Universität Marburg und war zunächst Geschäftsführer, später auch Direktor dieses Instituts.[6]

Im Herbst 1920 war diesem Institut für Grenz- und Auslanddeutschtum eine separat gegründete außeruniversitäre Einrichtung angeschlossen worden, in der »studierende Deutsche vornehmlich aus den Grenzgebieten und dem Auslande« wohnen und zum »Wiederaufbau des deutschen Volkstums« erzogen werden sollten.[7] Ziel war die Schaffung einer Deutschtumselite, die als Alternative zu den studentischen Verbindungen etabliert werden sollte – »anstelle des alten Korporationswesens neue Gemeinschaftsformen an der Universität schaffen«, lautete das Motto.[8]

Bedingung für die Aufnahme in die unter dem Namen Deutsche Burse zu Marburg firmierende Einrichtung war, dass die Insassen »Liebe zu ihrem Volkstum in sich spüren« sollten sowie den Willen, diese mit der Absicht zu vertiefen, sich dann später »für das Deutschtum auf der Erde« zu betätigen. Mit der Deutschen Burse sollte eine »Lebensgemeinschaft einer beschränkten Anzahl von jungen Volksgenossen aus allen von Deutschen bewohnten Teilen der Erde« geschaffen werden, die die »wissenschaftliche Arbeit an den Problemen des deutschen Volkstums, insbesondere an denen des Grenz- und Auslanddeutschtums« verfolgen sollten. Die Zusammensetzung des Hauses sollte dabei »unser Gesamtvolk im Kleinen verkörpern«, d.h. etwa ein Drittel der Insassen sollten Inlanddeutsche sein, etwa ein Drittel Grenzland- und etwa ein weiteres Drittel Auslanddeutsche.[9]

Raschhofers intensives Interesse für das so genannte Grenz- und Auslanddeutschtums geht auf die Jahre seines Studienbeginns zurück. Zuvor war er während seiner Schulzeit durch den Niedergang der Donaumonarchie politisch geprägt worden, den er

---

5 Hermann Raschhofer, Lebenslauf, undatiert, BArchBD-H ZB/2 1923 Akte 4.
6 Vgl. Scheuner/Schumann/Schulin, Sachbericht in Sachen des Prof. Dr. J. W. Mannhardt, undatiert (ca. Juni 1955), Hessisches Staatsarchiv Marburg (im Folgenden HSTM) Best. 307d Acc. 1967/11 Nr. 385.
7 Satzung (§ 2) des e.V. Freunde des Marburger Instituts für Grenz- und Auslands-Deutschtum vom 8.8.1920, Amtsgericht Marburg 16 VR 729, S. 3.
8 Vgl. Scheuner/Schumann/Schulin, a.a.O.
9 Johann Wilhelm Mannhardt/Leonhard Schultze-Jena, Leitsätze für die Aufnahme in die Deutsche Burse zu Marburg (Institut für Grenz- und Auslanddeutschtum an der Universität), HSTM Best. 307d Acc. 1967/11 Nr. 384.

als Unglück empfunden hatte. Seine Begeisterung für die Österreichisch-Ungarische Monarchie – nicht zuletzt auch geprägt durch seinen Katholizismus – war einerseits verbunden mit einer großdeutschen Gesinnung,[10] andererseits mit einer tiefen Ablehnung der Völkerbundordnung nach dem Ersten Weltkrieg, insbesondere hinsichtlich der staatlichen Neuordnung und der damit verknüpften liberalen Minderheitenpolitik. Folglich war die Wahl seines Studienortes im Reichsgebiet für Raschhofer eine »bedeutsame Bekenntnistat«, wobei er in Marburg im Kreis der Deutschen Burse aufgrund seines Alters – er hatte mit 17 die Matura abgelegt und danach (1923/24) mit dem Studium begonnen – als »Wunderkind« galt.[11]

Er entsprach geradezu idealtypisch dem Wunschbild des völkischen Jugendlichen mit extremer Begeisterung für deutsche Volkstumsarbeit und dies sowohl mit wissenschaftlicher wie politischer Ambition. Raschhofer verkörperte damit bereits in jungen Jahren das »alte deutsche Professorenideal«, wie einer seiner Schüler Jahre später in einem Nachruf schreiben sollte, »das vom Hochschullehrer auch Bekennermut verlangt und die Fähigkeit, Vorbild zu sein.«[12] Dass Raschhofer auch durch die organisatorischen wie konzeptionellen Strukturen der Deutschen Burse in Marburg mit dem Ziel der Schaffung einer völkischen Wissenschaftselite nachhaltig geprägt wurde, zeigte der Tatbestand, dass er wenige Jahre später während seiner Zeit als Assistent in Tübingen dort die Leitung der am 28. April 1930 eingeweihten Deutschen Burse für auslanddeutsche Studierende in Tübingen übernahm.[13]

Prägend wurde für Raschhofer überdies die Auseinandersetzung mit der Arbeit von Max Hildebert Boehm, zu dem er während seiner Zeit als wissenschaftlicher Assistent des Instituts für Grenz- und Auslandstudien in Berlin-Steglitz Ende der 1920er Jahre auch persönliche Beziehungen aufbaute.[14] Raschhofer übernahm in seinen wissenschaftlichen Arbeiten zum Nationalitätenrecht die Diktion von Boehm, nach der

---

10 Vgl. Hermann Raschhofer, Großdeutsch oder kleinösterreichisch? Die Funktion der kleinösterreichischen Ideologie, Berlin 1933.
11 Vgl. Otto Kimminich, Zum Tode von Professor Dr. Hermann Raschhofer, in: Sudetendeutsche Zeitung, Folge 37 v. 14.9.1979, S. 7.
12 Ebd.
13 Vgl. Der Auslanddeutsche, H. 11/1930, S. 403f. u. H. 13/1930, S. 445f.
14 Vgl. Max Hildebert Boehm, Bestätigung des Instituts für Grenz- und Auslandstudien e.V. in Berlin-Steglitz/Geschäftsstelle Lüneburg, 25.11.1957, Universitätsarchiv Würzburg (im Folgenden UAW) ARS R 29 Nr. II. Aufschlussreich ist in diesem Zusammenhang auch ein Briefwechsel zwischen Boehm und Raschhofer, in dem Raschhofer betont, dass »ein kurzes aber wesentliches Stück« seines Lebens mit Boehms Person und Arbeit verbunden gewesen sei. Vgl. Raschhofer an Boehm, 7.3.1961; Boehm an Raschhofer, 8.3.1961, beide Ost-Akademie Lüneburg NL Boehm 2-9. Hinweis auf die und Kopie der Quellen aus der Ost-Akademie verdanke ich Ulrich Prehn (Hamburg).

»eine Nationalität [...] überall da entstehen (muss), wo durch den Nichtzusammenfall von Volks- und Staatsgrenzen ethnisch bedingte Teilgebiete erwachen, die durch Berührung mit dem Staat, also im Element der Politik eine Gestaltwerdung irgendwelcher Art gewonnen haben oder sie anstreben.«[15] Er teilte dabei Boehms euphorisches Bekenntnis zur Theorie des »eigenständigen Volks«, die die wichtigste theoretische Grundannahme für die europäische Volksgruppenpolitik der Weimarer Zeit darstellte.[16]

Boehm, der »Vordenker der Ethnopolitik«[17] und einer der wichtigsten Volkstumstheoretiker der Weimarer Republik, des Nationalsozialismus und auch der frühen Bundesrepublik, versuchte systematisch »das Volk« von allen anderen politischen und sozialen Kategorien abzugrenzen.[18] Zentral war ihm die Abgrenzung des »Volkes« von den Kategorien Staat/Nation und somit eine Lösung vom bürgerlich-liberalen (westlichen) Nationsbegriff, der auch die Basis für die Minderheitenschutzverträge der Völkerbundära darstellte.[19] So sollte vor allem die »Eigenständigkeit« des deutschen Volkes bestimmt und ihm zu einer Vormachtstellung in Europa verholfen werden.[20] Ausgangspunkt für dieses »,europäisch' gewendete deutsche Sendungsbewußtsein« ist, wie Ulrich Prehn treffend herausgearbeitet hat, der fortwährende Bezug auf die Aspekte des Volkstumskampfes und der Heimatpflege in den deutschen Grenzgebieten als »Parallelmotiv zu seiner massiven Kritik an der angeblichen ,Verwestlichung' Mittel- und Osteuropas«, für die »insbesondere Frankreich, England und die Wilsonsche Völkerbund- und Minderheitenpolitik verantwortlich« zu machen seien. Boehms ethnopolitischen und volkstheoretischen Arbeiten lieferten »,magische Formeln' zur Stiftung einer deutschen Kollektividentität, die, wie das emotional besonders aufgeladene Projekt der zu verwirklichenden Volksgemeinschaft, darauf angelegt waren, die

---

15 Vgl. Max Hildebert Boehm, Das eigenständige Volk. Volkstheoretischen Grundlagen der Ethnopolitik und Geisteswissenschaften, Göttingen 1932, S. 36f.; Hermann Raschhofer, Nationalität als Wesen und Rechtsbegriff. Sonderdruck aus 25 Jahre Kaiser Wilhelm-Gesellschaft, Berlin 1937, S. 1, Fn. 1.
16 Vgl. Hermann Raschhofer, Das altösterreichische Nationalitätenrecht und die deutschen Volksgruppen nach 1918, in: Fritz Wittmann/Stefan Graf Bethlen (Hg.), Volksgruppenrecht. Ein Beitrag zur Friedenssicherung, München/Wien 1980, S. 66f.
17 Ingo Haar, Historiker im Nationalsozialismus. Deutsche Geschichtswissenschaft und der »Volkstumskampf« im Osten, Göttingen 2000, S. 27.
18 Vgl. Boehm 1932, S. 17ff. u. 265ff.
19 Vgl. ebd., S. 37ff.
20 Vgl. ebd., S. 315.

internationale Ordnung der Nationen und ‚Volksgruppen' in Europa nach Beendigung des Ersten Weltkriegs aufzusprengen.«[21]

***

Raschhofers erste große wissenschaftliche Arbeit mit dem Titel *Hauptprobleme des Nationalitätenrechts*,[22] für die er von der Deutschen Akademie (München) 1929 mit dem Ersten Preis eines Preisausschreibens über Minderheitenrecht ausgezeichnet wurde, verfolgte bereits dieses Ziel, wenngleich auch sprachlich in eher noch gemäßigtem Duktus.
Raschhofer analysierte in dieser Studie das positive internationale Minderheitenrecht und kontrastierte dieses mit den »Institutionen des Nationalitätenrechtes« (5), also denjenigen Rechtsinstrumenten, die die nationalitätenrechtlichen Protagonisten innerstaatlich und völkerrechtlich an die Stelle des liberal-demokratischen Minderheitenrechts setzen wollten. Dabei sollte es stets um die »Rechte der Nationalität als Volkspersönlichkeit« gehen, mit dem Ziel der Schaffung einer »Verfassung als Körperschaft des öffentlichen Rechts« (76).
Raschhofer wandte sich damit explizit gegen die – wie er sie nannte – »Großpariser Minderheitenschutzverträge«, die er dahingehend kritisierte, dass »die Nationalitäten unter dem Rechtszustand von atomisiert gedachten nationalen Individuen unter Minderheitenrecht leben müssen«, ohne dabei als »organische Persönlichkeiten« anerkannt zu werden (76f.) bzw. ohne als »Rechtspersönlichkeit selbst anerkannter Träger von Recht« zu sein (78):

> »Nationalität ist [..] nicht Eigenschaft, die zufällig bei diesen und jenen Staatsbürgern per se auftritt und diese sozusagen erst nachträglich zusammenführt, wie sich etwa die Mitglieder eines Vereins zur Vertretung irgendwelcher Interessen durch Assoziation ursprünglich sich Fremder zusammenfinden; sie ist nicht Summe, sondern Totalität.« (77)

Von Nationalität ist also in diesem Verständnis nur dann zu sprechen, wenn – wie Raschhofer schrieb – »ihre Mitglieder gruppenhaft-organisch, und zwar als historisch-kulturell positiv qualifizierbare Volksgruppen erscheinen.« (77)

---

21 Ulrich Prehn, »Volk« und »Raum« in zwei Nachkriegszeiten. Kontinuitäten und Wandlungen in der Arbeit des Volkstumsforschers Max Hildebert Boehm, in: Habbo Knoch (Hg.), Das Erbe der Provinz. Heimatkultur und Geschichtspolitik nach 1945, Göttingen 2001, S. 57ff.
22 Vgl. Hermann Raschhofer, Hauptprobleme des Nationalitätenrechts, Stuttgart 1931. Alle folgenden, im Text lediglich mit Seitenzahlen belegten Zitate beziehen sich auf diese Quelle.

Das zu erstrebende Nationalitätenrecht schütze »wohlerworbene Berechtigungen« und verlange unumstößlich den Zusammenhang von »Boden und Geschichte« (77):

> »Von Nationalitätenrecht werden wir also dort sprechen, wo eine nationale Sonderung der Personen auch zu einer rechtlichen Sonderung führt, mit dem Zweck, personal getrenntes Imperium und personal getrennte Organschaft zu begründen.« (154)

Das von Raschhofer postulierte »Wesen der Nationalität« erfordere dabei die rechtliche Möglichkeit »im eigenen Bereich eigener Herr zu sein, also Autonomie« (154), wobei Raschhofer zunächst vor allem auf das Modell der kulturellen Autonomie orientierte, das seines Erachtens aber beispielsweise auch Steuerhoheit beinhalten sollte. In diesem seinem ersten großen Entwurf zum Thema Nationalitätenrecht entwickelte Raschhofer einen Begriff von Nationalität als »Totalität« (77) mit »heiligen Rechten« (156), den er explizit von dem Begriff der Minderheit abgrenzte. Da Raschhofer von einem essentialistischen bzw. primordialen Ethnizitätsbegriff ausging, erschienen für ihn Volk bzw. Volksgruppe und Nationalität stets als nicht weiter zu beweisende, übernatürliche Existenzen, deren attestierbare Unterschiede er nicht als historisch entstanden und somit veränder- und aufhebbar interpretierte, sondern als substanzielle ethnische, kulturelle und auch »rassische« Differenz. Nationalitäten sind seiner Auffassung zufolge organische Einheiten, die zwar politisch vorübergehend handlungsunfähig werden können, aber soziologisch niemals aufhören zu bestehen. Die damit zur Faktizität erklärte Ethnizität stellte wiederum die Grundlage für Raschhofers nationalitätenrechtliches Modell dar. Hiernach sollte Nationalitätenrecht stets am *Kollektiv als Rechtssubjekt* orientiert sein und um die Schaffung von *exklusiven Sonderrechten* für die Nationalitäten gegenüber der Restbevölkerung bemüht. Hier zeigte sich bereits deutlich Raschhofers fundamentale Gegnerschaft zum bürgerlichen Nationalstaat und zur liberalen Minderheitenpolitik des Völkerbundes – denn während der bürgerliche Nationalstaat gerade als Einheit seiner Staatsangehörigen mit *gleichen Rechten* konzipiert ist, waren die nach Ende des Ersten Weltkriegs geschlossenen Minderheitenschutzverträge mit dem Ziel des *individuellen Schutz vor Diskriminierungen* geschaffen worden.

Mit der Schrift *Hauptprobleme des Nationalitätenrechts* begründete Raschhofer sein wissenschaftliches Profil als Nationalitätenrechtler. Nach seinen Lehr- und Forschungstätigkeiten am Berliner Institut für Grenz- und Auslandsstudien, in Tübingen, Paris und Turin gelangte der junge Doppeldoktor schließlich über Erich Kaufmann an das Kaiser-Wilhelm-Institut für ausländisches öffentliches Recht und Völkerrecht (KWI) in Berlin. Raschhofer wurde im Januar 1934 Referent am KWI und blieb dies bis Oktober 1937. Die Zeit am KWI war für ihn sehr wichtig, da er sein Renommee als Experte in Nationalitätenfragen nachhaltig ausbauen konnte. So schrieb er in der Jubiläumsausgabe zum 25-Jährigen Bestehen der Kaiser-Wilhelm-Gesellschaft 1936 den Institutsbeitrag zum Thema *Nationalität als Wesen und Rechtsbegriff*, was neben der großen Auszeichnung für ihn eben auch die weitere Popularisierung seiner Thesen bedeutete.[23]

Dieser Aufsatz, der auch separat in Buchform erschien, ist vor allem deshalb bemerkenswert, weil Raschhofer darin seine Thesen aus *Hauptprobleme des Nationalitätenrechts* zuspitzt und dabei die völkische Fundierung der Theorie des Nationalitätenrechts deutlich zum Ausdruck bringt. Raschhofer versteht unter Nationalität nun eine »völkische Gruppe, die den Einzelnen als Glied einer Teilgruppe von den übrigen Staatsangehörigen unterscheidet«, ja eine »völkische Wesenheit«.[24] Die Bindungen des einzelnen an dieses Kollektiv sind seiner Auffassung nach als »vorgängig, objektiv und zugleich prägend« anzusehen (20), wobei der Nationalität ein »naturhafter Zug« eigen sei, nämlich »das Moment des Dauerns, das Ruhen im Vorgeschichtlichen.« (21) Nationalität sei ein zu einer »Artgemeinschaft gehörendes Teilganzes«, ein »Teilstück« einer »blutmäßig begründeten Artgemeinschaft« (44), weshalb das Bekenntnis zur Volksgemeinschaft und zur Nationalität auch nichts Neues begründe, sondern lediglich bereits vermeintlich objektiv Vorhandenes »*willensmäßig*« (44) unterstreiche:

»Im Bereich des Völkischen gibt es nur ein Ja-Sagen zu seiner eigenen einzigen oder der vorherrschenden Art und das Anormale des theoretisch wie praktisch möglichen Falles eines Nein-Sagens zur eigenen Art, wird von der Sprache hinreichend mit dem verurteilenden Wort Entartung gekennzeichnet.

Es gibt daher wesensmäßig einen objektiv umgrenzten Kreis derer, die sich zu einem Volkstum, zu einer Nationalität als Artgemeinschaft bekennen können. Wenn die Nürnberger Gesetze eine solche Begrenzung getroffen haben, indem sie Artfremde und Artverwandte nunmehr endgültig scheiden, wobei den jüdischen Mischlingen, in denen das Deutschblütige überwiegt, ein Aufgehen im Deutschtum ermöglicht wurde, so kann nur hoffnungslos liberales Besserwissen dies als ein den Interessen der Volksgruppen abträgliches Vorgehen bezeichnen.« (45)

---

23 Vgl. Ingo Hueck, Die deutsche Völkerrechtswissenschaft im Nationalsozialismus. Das Berliner Kaiser-Wilhelm-Institut für ausländisches öffentliches Recht und Völkerrecht, das Hamburger Institut für Auswärtige Politik und das Kieler Institut für Internationales Recht, in: Doris Kaufmann (Hg.), Geschichte der Kaiser-Wilhelm-Gesellschaft im Nationalsozialismus. Bestandsaufnahme und Perspektiven der Forschung, 2 Bde., Göttingen 2000, S. 502, 511 u. 519.

24 Vgl. Hermann Raschhofer, Nationalität als Wesen und Rechtsbegriff. Sonderdruck aus 25 Jahre Kaiser Wilhelm-Gesellschaft, Berlin 1937, S. 16 u. 20. Alle folgenden, im Text lediglich mit Seitenzahlen belegten Zitate beziehen sich auf diese Quelle.

Die bereits in seiner Arbeit *Hauptprobleme des Nationalitätenrechts* anklingende Konfrontation mit dem bürgerlichen Nationalstaat wird in *Nationalität als Wesen und Rechtsbegriff* offen artikuliert. Der bürgerliche Nationalstaat gilt Raschhofer nun als »Zwangsapparat«, wobei er die Staatsbürgerschaft gegenüber der Nationalitätenzugehörigkeit abqualifiziert, da erstere »keine primäre, soziologisch gesehen urständige Größe darzustellen braucht« (16), wohingegen letztere aufgrund ihrer »Ursprünglichkeit und Selbständigkeit als gesellschaftliches Gebilde, als reale Gruppe« gekennzeichnet sei und sich damit »wesensmäßig vom abstrakten Staatsvolk« unterscheide (17) – was Raschhofer auch zur Unterscheidung von staatlicher »Rechtsgemeinschaft« und »Volksgemeinschaft« (17) führt. Die »reale Gesamtvolksindividualität« bzw. die »völkische Individualität« (19), die er den Nationalitäten zuspricht, sei insofern auch der Grund, weshalb die Nationalität den Fortbestand ihrer »völkischen Wesenheit« (20) auch von der staatlichen Rechtsordnung anerkannt wissen wolle. (18)

Während Raschhofer in den *Hauptproblemen des Nationalitätenrechts* argumentativ noch auf eine annährend gleichrangige Wertigkeit von Staat und Volk orientiert, wobei den Nationalitäten mehr Rechte zuerkannt werden müssten, gerät der nicht-völkische Staat in *Nationalität als Wesen und Rechtsbegriff* nun vollends in die negative, sich quasi gegenüber den Nationalitäten rechtfertigen müssende Rolle. Denn unabhängig davon, ob eine Rechtsordnung die Existenz von Nationalitäten anerkenne oder verneine, so Raschhofer, könne dies nicht als objektive soziologische Entscheidung gelten, da die juristische Sicht auf den Gegenstand keinen sozialwissenschaftlichen Erkenntniswert intendiere:

> Die »Definition des Volkes, der Nationalität (aus Perspektive des juristischen Nationalitätsbegriffs; Anm. d. Verf.), kann nie die Frage nach deren Wesen beantworten. Er muß das mehrdimensionale, vielverschlungene, Vorder- und Hintergrundschichten, reflektierende und träumende Dasein umfassen, Blut und Geschichte, von Interessen, Gewohnheit, Begeisterung und Opfern zusammengehaltene Gebilde der konkreten Nationalität auf die Eindimensionalität eines auf individuellen Willensakten beruhenden rechtlichen Verbandes bringen.« (43)

Dem bürgerlichen Nationalstaat soll de facto die Möglichkeit zur Nicht-Anerkennung von Nationalitäten im völkisch-kollektiven Sinn entzogen werden, da eine diese angebliche Faktizität des Völkischen nicht-anerkennende Rechtsordnung die Legitimation für ihr Handeln abgesprochen wird. Die juristische Methode wird damit genau umgekehrt und der rechtspositivistische Ansatz aufgrund des Prinzips, dass das angeblich übernatürliche und konsistente Recht der völkisch verstandenen Volksgruppen das positive Recht breche, durch eine naturrechtliche Perspektive in voraufklärerischer Tradition ersetzt.

Bei der Häufung von NS-Vokabular und der positiven Bezugnahme auf die NS-Politik in Raschhofers Beitrag zu *Nationalität als Wesen und Rechtsbegriff* handelt es sich, wie im folgenden noch zu zeigen sein wird, um den Ausdruck seiner politischen Überzeugung und nicht um Opportunismus. Raschhofer schärfte in seiner Zeit beim KWI jedoch nicht nur sein Profil als regimetreuer Nationalitätenrechtler, sondern auch als Vordenker in dieser Frage, da seine Schriften zum Nationalitätenrecht zu den ersten überhaupt zählen, in der eine (völker)rechtliche Perspektive mit der völkischen – Raschhofer selbst unterstellt diese als »soziologisch« – mit dem Ziel verschmolzen wird, ein homogenes Modell eines »modernen« Volksgruppen- bzw. Nationalitätenrechts als verbindlichen Entwurf für die Rechtsordnung Europas zu formulieren. Zudem fällt seine Zeit am KWI zusammen mit seiner Habilitation im Februar 1937 (und der Ernennung zum Dr. jur. habil. im Juli 1937) an der Universität Berlin bei dem Völkerrechtler Prof. Dr. Viktor Bruns, dem gleichzeitigen Leiter des KWI. Raschhofer habilitierte sich mit dem Buch *Der politische Volksbegriff im modernen Italien*.[25] Sein wissenschaftlicher Werdegang wurde damit erfolgreich fortgesetzt und Raschhofer übernahm unmittelbar nach seiner Habilitation auch gleich eine bis 1939 dauernde Vertretung in Göttingen,[26] wobei ihm auch das Angebot vom Auswärtigen Amt vorgelegen hatte, als »Presseattaché bei einer der europäischen Botschaften des Reiches einzutreten«.[27]

***

Parallel zu seiner wissenschaftlichen Karriere arbeitete Raschhofer an der praktischen Umsetzung seiner Handlungsmaximen: »In den letzten Jahren trat zu den theoretischen Studien eine praktisch beratende Tätigkeit für deutsche Volksgruppen im Ausland in Fragen des positiven Minderheiten- und Staatenrechts«, resümierte er seine Tätigkeiten Mitte der 1930er Jahre rückblickend.[28] Und in einer Auseinandersetzung mit Boehms Arbeit zum »eigenständigen Volk« schrieb Raschhofer, dass der Gegenstand »Volk« sich »zugleich als Objekt wissenschaftlicher, soziologisch-volkstheoretischer Bemühungen, wie als Subjekt und Objekt praktischer Politik« darstellen

---

25 Vgl. Hermann Raschhofer, Der politische Volksbegriff im modernen Italien, Berlin 1936.
26 Vgl. Hueck 2000, S. 518.
27 Vgl. Raschhofer an Frank, 21.9.1941, Národní archiv/Státní ústřední archiv Praha [Nationalarchiv/ehem. Staatliches Zentralarchiv] (im Folgenden NA/SÚA) NSM-AMV 110 Nr. 22 Sig. 110-4/155.
28 Hermann Raschhofer, Lebenslauf, undatiert (vermutlich vor 1939), BArchBD-H ZB/2 1923 Akte 4.

würde,[29] was zweifelsfrei auch seine eigenen Integration von völkischer Theoriebildung und volkstumspolitischer Praxis widerspiegelte.

Denn Raschhofer war Mitglied der illegalen NSDAP Österreichs, des VDA, des NS-Juristenbundes und des NS-Dozentenbundes. Anfang der 1930er Jahre hatte seine rechtspolitische Beratungstätigkeit für die illegale NSDAP Österreichs und für die Sudetendeutsche Partei (SdP) begonnen.[30] Insbesondere seine aus engen Kontakten zu Konrad Henlein und Karl Hermann Frank resultierende Nähe zur Politik der Sudetendeutschen legte den Grundstein für seine Berufung nach Prag: Raschhofer übernahm 1940 zunächst eine außerordentliche, später dann eine ordentliche Professur an der Deutschen Universität Prag, wo er das Institut für Völker- und Reichsrecht leitete und hätte 1944 auch Dekan der Juristischen Fakultät werden sollen, lehnte dies aber ab, da er »zuviel andere Aufträge« gehabt habe.[31]

Raschhofers Berufung an die Deutschen Universität Prag erfolgte auf persönlichen Wunsch von Karl Hermann Frank, dessen juristischer Berater Raschhofer wurde und mit dem er durch persönliche Freundschaft eng verbunden war.[32] Frank hatte sich bereits im April 1939 dafür stark gemacht, Raschhofer nach Prag zu berufen, da dieser sowohl ihm wie auch Konrad Henlein seit 1934 politisch-wissenschaftlich beratend zur Seite gestanden hatte und künftig im Protektorat als Berater in besonderen Rechtsfragen firmieren sollte.[33] Raschhofer habe, so Frank, »wertvolle Beiträge nicht nur zur Auseinandersetzung mit der Feindpropaganda, sondern auch zur Bekämpfung der tschechischen Staats- und Geschichtsauffassung geliefert.«[34]

Überhaupt war Raschhofers Nähe zum NS-Regime unzweifelhaft. Der Reichsdozentenbundsführer bescheinigte ihm 1938, dass er »politisch gesehen« ein »entschiedener Volksdeutscher« sei und auch »innenpolitisch die nationalsozialistischen Gedanken-

---

29 Vgl. Hermann Raschhofer, Zum Gegenstandsbereich der Volkstheorie, in: Deutsche Arbeit, Bd. 32 (1932), S. 308.
30 Vgl. Hermann Raschhofer, Lebenslauf, undatiert; Hermann Raschhofer, Lebenslauf, 18.7.1939; »Stammblatt« der Akte, undatiert, BArchBD-H ZB/2 1923 Akte 4.
31 Vgl. Sicherheitsdienst des Reichsführer-SS/SD-Leitabschnitt Prag an Gies, Deutsches Staatsministerium für Böhmen und Mähren, 21.11.1944, Archiv Ministerstva Vnitra Praha [Archiv des Tschechischen Innenministeriums] (im Folgenden MVČR) Z-10-P-72.
32 Vgl. Peter K. Steck, Zwischen Volk und Staat. Das Völkerrechtssubjekt in der deutschen Völkerrechtslehre (1933–1941), Baden-Baden 2003, S. 123.
33 Vgl. Karel Fremund, Z činnosti poradců nacistické okupační moci (Výběr dokumentů), Praha 1966, S. 24f. u. 40f.
34 Vgl. Václav Král (Hg.), Die Deutschen in der Tschechoslowakei 1933–1947. Dokumentensammlung, Praha 1964, S. 454.

gänge« bejahe.[35] Raschhofer hatte 1933 die Machtübernahme der Nationalsozialisten ebenso begrüßt,[36] wie später den Anschluss Österreichs und der Sudetengebiete an das Deutsche Reich:

> »Durch die Vereinigung Deutsch-Österreichs und des alten Reichsbodens der böhmischen Länder zum Großdeutschen Staat unter der straffen Herrschaft des Nationalsozialismus hat sich jener fundamentale Strukturwandel, jene Aufladung und Zusammenfassung der politischen Energien eines Herrschaftsbereiches ergeben, der immer Vorbote und Rechtfertigung weitreichender territorialer Veränderungen gewesen ist.«[37]

Einen Grundstein für die vorausgehende Destablisierung der Tschechoslowakei durch die NS-Propaganda hatte Raschhofer 1937 durch die Zusammenstellung einer strategisch wichtigen Dokumentation gelegt: *Die tschechoslowakischen Denkschriften für die Friedenskonferenz von Paris 1919/20*, in der die elf Denkschriften der tschechoslowakischen Delegation zusammengetragen waren, mit denen diese insbesondere ihre territorialen Forderungen nach Ende des Ersten Weltkriegs formuliert hatte.[38] Auch wenn die Denkschriften, wie Johann Wolfgang Brügel anmerkte, »überhaupt nicht geheim« waren und kurz nach 1919 »bei Altpapierhändlern erstanden werden« konnten[39] – und im übrigen von Raschhofer auch auf genau diesem Weg zufällig erworben worden waren – nutze die NS-Propaganda die Denkschriften im Rahmen der Kampagne zur Ausschaltung des »demokratischen Bollwerks« (Brügel) Tschechoslowakei. Hierbei ging es insbesondere um das *Mémoire No. 3*, das sich mit der deutschen Minderheit in Böhmen befasste und – obgleich es bereits 1920 in einer deutschsprachigen Zeitschrift in Prag veröffentlicht worden war[40] – zur skandalträchtigen Inszenierung der These diente, die Tschechoslowakei betreibe *im Geheimen* eine minderheitenfeindliche Politik.

35 Vgl. NS-Dozentenbund/Der Reichsdozentenbundsführer an Wacker, Reichserziehungsministerium, 21.6.1938, BArchBD-H ZB/2 1923 Akte 4.
36 1933 erklärte Raschhofer: »Im Nationalsozialismus gruppiert sich ein politischer Kader, der mit Bewußtsein vom Ganzen der geschichtlich existenten deutschen Nation her denkt und daraus seine Totalitätsansprüche rechtfertigt.« Zit. n. Walter Heynowski/Gerhard Scheumann, Der Mann ohne Vergangenheit, Berlin 1969, S. 124.
37 Zit. n. ebd., S. 125.
38 Vgl. Hermann Raschhofer, Die tschechoslowakischen Denkschriften für die Friedenskonferenz von Paris 1919/1920, Berlin 1937 (2. erg. Aufl. 1938).
39 Vgl. Johann Wolfgang Brügel, Tschechen und Deutsche 1918–1938, München 1967, S. 87.
40 Vgl. Elizabeth Wiskemann, Czechs & Germans. A study of the struggle in the historic provinces of Bohemia and Moravia, 2. Aufl., London 1967 (EA: Oxford 1938).

Ungeachtet dessen, dass es sich bei den tschechoslowakischen Denkschriften um eilig für die Friedenskonferenz verfertigte, nicht sonderlich tiefgreifende und den Verlauf der Konferenz wenig beeinflussende Texte handelte, deren Authentizität überdies auch von Edvard Beneš ausdrücklich bestätigt wurde und somit die gesamte NS-Kampagne gegen die Tschechoslowakei – wie Brügel schrieb – »ans Lächerliche« grenzte,[41] war Raschhofers Dokumentation ein wichtiger Baustein der NS-Propaganda im Vorfeld der Münchner Konferenz und der folgenden Annexion des so genannten Sudetenlandes.

Raschhofers beratende Tätigkeit für das NS-Regime beschränkte sich jedoch nicht nur auf öffentliche Arbeiten, sondern umfasste auch geheimdienstliche Tätigkeiten. Spätestens seit 1941 unternahm Raschhofer regelmäßig Reisen in die Slowakei und verfasste politische Lageberichte und personenbezogene Stellungnahmen für Karl Hermann Frank und den deutschen Gesandten in der Slowakei, Hanns Ludin.[42] Im Herbst 1944 war Raschhofer dann im Auftrag von Frank auch an der Niederschlagung des bewaffneten Nationalaufstandes im NS-Marionettenstaat Slowakei als »politischer Berater« des Generals der Waffen-SS Obergruppenführer Hermann Höfle beteiligt.[43] Unter der Kommandoführung von SS-Untersturmführer Adolf Leitgeb nahm Raschhofer dabei auch an einem »propagandistischen Einsatz« der Einsatzgruppe H mit mehreren Hauptschriftleitern, Rundfunk- und Bildberichterstattern in der Slowakei teil, die den Aufstand als »sowjetisch bestimmt« herausstellten.[44]

Raschhofer verfertigte überdies eine *Linienführung* für eine Rede des slowakischen Staatspräsidenten Josef Tiso anlässlich der Einnahme von Bánská Bystrica durch die SS, in der dieser einen – wie Raschhofer vorgab – »aussenpolitischen Beitrag durch markante bedeutsame Erklärungen« zur Stärkung der Position der »Deutschen Befehlshaber« leisten sollte, vor allem zur politischen und moralischen Desavouierung der im Exil lebenden Tschechoslowaken, explizit der Exilregierung um Edvard Beneš in London.[45] Während Raschhofer eigentlich den »Gedanke des ‚Tschechoslowakismus'« als ursächlich ansah,[46] machte er in seiner *Linienführung* offiziell die »internationale kommunistische Verschwörung« für den slowakischen Aufstand verantwortlich:

41 Vgl. Brügel 1967, S. 87.
42 Vgl. die entsprechenden Berichte in: NA/SÚA ÚŘP-AMV 114 Nr. 14 Sig. 114-3/18
43 Vgl. Johann Wolfgang Brügel, Tschechen und Deutsche 1939–1946, München 1974, S. 96f.
44 Vgl. Chef der Einsatzgruppe H der Sicherheitspolizei und des SD, Bescheinigung, 23.10.44; Adolf Leitgeb, Kommandobericht, 29.10.1944, beide MVČR 302-64-10.
45 Vgl. Tomáš Pasák, Několik poznámek k činnosti Prof. Dr. Hermanna Raschhofera za II. světové války, in: Československý časopis historický, Bd. XI (1963), S. 524ff.
46 Vgl. Sicherheitsdienst des Reichsführer-SS/SD-Leitabschnitt Prag, Geheimer Bericht an das Reichssicherheitshauptamt, 12.9.1944, Deutsches Zentralarchiv Potsdam [SS Versch. Prov.] Film Nr. 4594 Aufn. 9406939, S. 2.

»Es ist klar, das es sich bei dem slowakischen Aufstand nur um einen Teil der gegenwärtig mit allen Kräften vorangetriebenen Aktion zur Bolschewisierung Europas handelt, [...].«[47]

Dass Raschhofer hier besonderen Wert auf die Betonung einer antibolschewistischen Stoßrichtung legte, verweist in biografischer Hinsicht auf ein anderes Moment: seine Beteiligung am Sonderverband Bergmann unter Führung von Theodor Oberländer. Raschhofer gehörte 1942/43 als persönlicher Berater von Oberländer und Co-Autor einiger den Ostfeldzug betreffenden Denkschriften des Sonderverbandes zum engeren Vertrautenkreis der Bataillonsführung dieser vornehmlich aus kaukasischen Kollaborateuren bestehenden Wehrmachtseinheit, die neben der Verbreitung von antisowjetischer Propaganda bei der einheimischen Bevölkerung auf Sabotageaktionen im sowjetischen Hinterland spezialisiert war.[48] Raschhofer selbst freute sich ausgesprochen auf seinen Einsatz im Sonderverband und schrieb vor dem Aufbruch aus Mittenwald (Karwendelgebirge) in den Kaukasus im August 1942 an Karl Hermann Frank, dass »wir hoffen dort Partisanen zu schnappen und sonst auch den Bolschewos zuzusetzen«.[49] Kurz vor seiner Abreise hatte sich Raschhofer – wie so oft auch hier: mit Unterstützung von Frank – um die Anmietung einer enteigneten jüdischen Villa in Prag bemüht, kam jedoch zu spät, da die Villa bereits anderweitig vergeben worden war.[50]
Raschhofer kehrte erst Mitte 1943 wieder nach Prag zurück, da ihn Frank zur Vorbereitung einer »politisch-propagandistischen Großaktion« im Protektorat anlässlich der fünfjährigen Wiederkehr des Münchner Abkommens benötigte,[51] deren Hauptziel – so Raschhofer in einer entsprechenden Denkschrift – darin bestehen sollte, durch publizistische Arbeiten in deutschen, tschechischen und anderen europäischen Zeitschriften »die Angemessenheit der Münchener Beschlüsse in die europäische Erinnerung zurückzurufen.«[52] Darüber hinaus regte Raschhofer eine Dokumentenedition

---

47 Zit. n. Pasák 1963, S. 527.
48 Vgl. Albert Jeloschek/Friedrich Richter/Ehrenfried Schütte/Johannes Semler, Freiwillige vom Kaukasus. Georgier, Armenier, Aserbaidschaner, Tschetschenen u.a. auf deutscher Seite – Der »Sonderverband Bergmann« und sein Gründer Theodor Oberländer, Graz/Stuttgart 2003, S. 139 u. 161; Philipp-Christian Wachs, Der Fall Theodor Oberländer (1905–1998). Ein Lehrstück deutscher Geschichte, Frankfurt a.M./New York 2000, S. 104.
49 Vgl. Raschhofer an Frank, 15.8.1942, NA/SÚA NSM-AMV 110 Nr. 22 Sig. 110-4/155.
50 Vgl. Deutsches Staatsministerium für Böhmen und Mähren, Aktenvermerk, 22.6.1942, NA/SÚA NSM-AMV 110 Nr. 22 Sig. 110-4/155.
51 Vgl. Frank an Toussaint, 21.7.1943, NA/SÚA NSM-AMV 110 Nr. 22 Sig. 110-4/155.
52 Hermann Raschhofer: Gedanken über e. Aktion anlässlich der 5 jährigen Wiederkehr der Grossmächtekonferenz von München, NA/SÚA NSM-AMV 110 Nr. 22 Sig. 110-4/155.

unter dem Titel *Dokumente zur sudetendeutschen Frage 1918–1938* an und plädierte für Vortragsveranstaltungen »im Rahmen der Heydrich-Stiftung, der Universität, der Verwaltungsakademie, der sudetendeutschen Anstalt für Volksforschung«.[53] Für Raschhofer war der »Revisions- und Neuordnungsprozeß, der sich, eingeleitet durch Anschluß, München und ersten Wiener Schiedsspruch, im ost-mitteleuropäischen Bereich vollzieht« eine willkommene Umsetzung seiner rechtspolitischen Forderungen nach einer räumlichen Neuformierung der »völkischen Energien« in Osteuropa.[54] Er hatte seit der Konstituierung des als Vermittlungsinstanz zwischen den Vertretern der »deutschen nationalitätenrechtlichen Wissenschaft und Praxis mit den Führern der deutschen Volksgruppen in Europa« initiierten Ausschusses für Nationalitätenrecht der Akademie für Deutsches Recht im August 1935 diesem angehört und sich dabei sowohl an der Bearbeitung von nationalitätenrechtlichen Fragen im Reich wie der »deutschen Konnationale« – zusammen mit Max Hildebert Boehm und Werner Hasselblatt – beteiligt und sollte hier vor allem seine Erfahrungen aus dem antitschechoslowakischen Volkstumskampf einbringen, die der Ausschuss in Bezug »mit dem Polenproblem« nutzen wollte. Raschhofer betonte in diesem Kontext vor allem die Wichtigkeit einer »existentiellen Scheidung der Schutzangehörigen, die nicht zum deutschen Volkstum gehören, vom deutschen Volk.«[55]

Dieses von Raschhofer vertretene Konzept der »völkischen Differenzierung« basierte auf der von ihm adaptierten NS-Auffassung, nach der die »rassisch-biologische Bezogenheit der völkischen Existenz« im Mittelpunkt der Politik stehen sollte:[56]

»Die Erkenntnisse dieser rassisch-biologischen Grundlage alles völkischen Lebens bildet den ausgezeichneten Zug des nationalsozialistischen Volksbegriffes. Er beendet, zunächst im deutschen Bereich, aber heute schon sichtbar allenthalben in Mittel- und Osteuropa und darüber hinaus, die spiritualistisch eingeschränkte Auffassung des Volkes und rückt das Moment rassisch-blutsmäßiger Grundlagen alles völkischen Seins in den Vordergrund.

Von dieser Grundauffassung aus war klar, daß zunächst die staatlich-politischen Grenzen keine Trennung der ja auch als überstaatliche Gemeinschaft empfun-

---

53 Vgl. ebd.
54 Vgl. Hermann Raschhofer, Der kroatische Staat, in: Monatshefte für Auswärtige Politik, H. 8/1941, S. 614.
55 Vgl. Werner Schubert (Hg.), Akademie für Deutsches Recht 1933–1945. Protokolle der Ausschüsse Bd. XIV: Ausschüsse für Völkerrecht und Nationalitätenrecht (1934–1942), Frankfurt a.M. 2002, S. XX, 347f., 476 u. 611.
56 Vgl. Hermann Raschhofer, Entwicklung und Funktion des neuen Volksgruppenrechts, in: Zeitschrift für ausländisches öffentliches Recht und Völkerrecht, Bd. XI (1942/43), S. 425 u. 427.

denen und erlebten Volksgemeinschaft bedeuten konnten. Der nationalsozialistische Volksbegriff bezieht grundsätzlich alle Angehörigen eines Volkes unbekümmert um ihre Staatsangehörigkeit in seine Volksgemeinschaft ein.«[57]

Dieser Maxime folgend hat Raschhofer sich vielfältig zugunsten einer bilateralen oder unilateralen Stärkung von Volksgruppenrechten in den ost- und südosteuropäischen Staaten (neben der Tschechoslowakei vor allem in Bezug auf Rumänien, Ungarn, Kroatien und Serbien) durch rechtliche Legitimierungsarbeit bemüht und dabei stets die privilegierte Rechtsstellung für die jeweiligen »Volksdeutschen« durch Etablierung von exklusiven Sonderrechten betont.[58] In einem Papier mit dem Titel *Gedanken über die Gegenstände der im Arbeitsurlaub für das Ostministerium durchzuführenden Arbeit*, das Raschhofer im Frühjahr 1943 verfasste – nachdem Karl Hermann Frank für ihn gegenüber Alfred Rosenberg einen Arbeitsurlaub beantragt hatte, in dem Raschhofer »rechtliche Grundfragen der zwischenvölkischen Ordnung des besetzten Ostens« bearbeiten sollte[59] – betonte Raschhofer dabei deutlich die deutsche Führungsrolle in der europäischen Volksgruppenpolitik und die terminologische Wichtigkeit des Volksgruppenbegriffs für die völkische Arbeit:

»Die Schaffung einer deutsch geborenen Verfassungssprache (ist) keine Nebensächlichkeit, sondern eine entscheidende Tatsache. Es äußert sich darin die Fähigkeit eines Großvolkes, den ihm zugewiesenen Lebensraum nach seiner Art zu führen und zu gestalten. [...] Aufgabe der Deutschen aus und an der Gestaltung der Völkerwirklichkeit des Ostens (ist,) die neue Verfassungssprache für diesen Bereich zu entwickeln und darin seine Führungsfähigkeit zu beweisen.

Das Volksgruppenrecht (ist) der erste Ansatz zu einer volkseigenen modernen deutschen Verfassungssprache. Die deutsche und europäische Bedeutung der Rechtsgestaltung auf diesem Gebiete im Sudetenraum, insbesondere die Volksschutzgesetzentwürfe.«[60]

***

---

57 Ebd., S. 428.
58 Vgl. ebd., S. 434ff.
59 Frank an Rosenberg, 1.4.1943, NA/SÚA NSM-AMV 110 Nr. 22 Sig. 110-4/155.
60 Hermann Raschhofer, Gedanken über die Gegenstände der im Arbeitsurlaub für das Ostministerium durchzuführenden Arbeit (ca. März/April 1943), NA/SÚA NSM-AMV 110 Nr. 22 Sig. 110-4/155.

Raschhofers nationalitätenpolitisches Engagement während des Nationalsozialismus war, wie auch diese Bezugnahme auf den »Sudetenraum« zeigt, in erster Linie auf das Territorium der Tschechoslowakei gerichtet – und daran sollte sich auch in der Nachkriegszeit bis zu seinem Tod 1979 nichts ändern.[61] Bemerkenswert ist dabei allerdings durchaus, dass Raschhofers Treue zum NS-Regime bis zuletzt Bestand hatte: So hatte er noch einen Aufsatz unter dem Titel *Europäischer Nationalismus* für das zu Ehren von Hitlers Geburtstag im Jahr 1945 geplante März/April-Heft der Zeitschrift *Böhmen und Mähren* verfasst, in dem er sich auch explizit positiv auf die »Neujahrsbotschaft des Führers« bezog.[62]

Raschhofer war im April 1945 von Karl Hermann Frank dem US-General George S. Patton – einem ausgesprochenen Antisemiten[63] – als Unterhändler entgegengesandt worden, fand jedoch in kirchlichen Kreisen in Mailand Zuflucht.[64] Sein wissenschaftlicher Wiederaufstieg begann im Jahr 1952, als er Professor an der Universität Kiel wurde. Von dort aus ging er Ende 1955 als ordentlicher Professor (die Ernennung erfolgte nach einer kurzen Lehrstuhlvertretung im Januar 1957)[65] an die Universität Würzburg, zunächst für Kirchenrecht, Völkerrecht und Rechtsphilosophie später dann für »Staats- und Völkerrecht, insbesondere Minderheiten- und Nationalitätenrecht, Recht der internationalen Organisationen und Verfassungsgeschichte«.[66] Seine wissenschaftliche und politische Nachkriegskarriere wurde nie durch ein Ermittlungsverfahren gestört,[67] obgleich er während seiner Tätigkeit an der Universität Würzburg von Studierendenseite wegen seiner NS-Aktivitäten öffentlich scharf kritisiert wurde.[68]

Raschhofers Professur in Würzburg war die erste und m. W. auch einzige ordentliche Professur in der Bundesrepublik, die das Lehrgebiet »Nationalitätenrecht« umfasste.

---

61 Vgl. Franz H. Riedl, Prof. Dr. Hermann Raschhofer (1905–1979), in: Europa Ethnica, H. 4/1979, S. 230f.

62 Vgl. Hermann Raschhofer, Europäischer Nationalismus (Korrekturfahne); Hess, Hauptschriftleiter »Böhmen und Mähren« an Gies, Deutsches Staatsministerium für Böhmen und Mähren, 16.3.1945, beide NA/SÚA NSM-AMV 110 Nr. 106 Sig. 110-12/134.

63 Vgl. Erich Später, Kein Frieden mit Tschechien. Die Sudetendeutschen und ihre Landsmannschaft, Hamburg 2005, S. 53.

64 Vgl. Tobias Weger, Lexikonstichwort Hermann Raschhofer, in: Michael Fahlbusch/Ingo Haar (Hg.), Handbuch der völkischen Wissenschaft, i.V.

65 Vgl. Ernennungsurkunde des Freistaates Bayern, 24.1.1957, UAW ARS R 29 Nr. II.

66 Vgl. Bayerisches Staatsministerium für Unterricht und Kultus an Rektorat der Universität Würzburg, 26.3.1962, UAW ARS R 29 Nr. II.

67 Vgl. Erich Später, Tschechien bleibt unser!, in: konkret, H. 3/2003, S. 33.

68 Vgl. Süddeutsche Zeitung v. 27.1.1970.

Da es Raschhofer überdies gelang, Ende der 1950er Jahre an gleicher Stelle ein Seminar für Minderheiten- und Selbstbestimmungsrecht (»Fridtjof-Nansen-Seminar«) zu etablieren, war es folgerichtig, dass sich um seine Person eine wissenschaftliche Schule etablierte.[69] Diese wurde aufgrund Raschhofers großer Nähe zu den zahlreichen Vertriebenenorganisationen der Sudetendeutschen nicht nur ein Sprungbrett für erfolgreiche wissenschaftliche Karrieren, sondern entwickelte sich auch zur Kaderschmiede für die Sudetendeutsche Landsmannschaft (SL),[70] deren »völkerrechtlicher Berater« Raschhofer geworden war.[71] Im Kontext seiner Tätigkeit für die Vertriebenenverbände veröffentlichte Raschhofer auch die für die Heimat- und Volkstumspolitik der Vertriebenenverbände bis heute grundlegende Studie *Die Sudetenfrage. Ihre völkerrechtliche Entwicklung vom Ersten Weltkrieg bis zur Gegenwart*.[72] Dreh- und Angelpunkt seines publizistisches Wirkens war dabei der Versuch die Nullität des Münchner Abkommens in Frage zu stellen und im Gegenzug dessen fortbestehende Gültigkeit zu behaupten.[73]

Auch wenn Raschhofer nach wie vor allgemeine Abhandlungen zum Thema Nationalitäten- bzw. Volksgruppenrecht verfasste,[74] gingen diese in ihrer Substanz nicht

---

69 Es wäre einer eigenständigen Untersuchung vorbehalten, diesen Schulbildungsprozess genauer zu untersuchen, jedoch sei an dieser Stelle vor allem auf die Völkerrechtler Prof. Dr. Otto Kimminich und Prof. Dr. Dieter Blumenwitz hingewiesen, die in der Tradition Raschhofers nicht nur seine volksgruppenrechtlichen Ansätze und Themenfelder weiterverfolgt haben, sondern dies auch in unmittelbarer politischer Nähe zur Sudetendeutschen Landsmannschaft taten. Raschhofers Lehren wirken dabei bis in ein völkerrechtliches Gutachten nach, das Dieter Blumenwitz zur rechtlichen Bedeutung der so genannten Beneš-Dekrete im Kontext des Beitritts der Tschechischen Republik zur Europäischen Union im Auftrag der SL in Jahr 2002 verfasst hat. Vgl. hierzu ausführlich: Samuel Salzborn: Die Beneš-Dekrete und die EU-Osterweiterung. Geschichtspolitische Kontroversen zwischen Aufarbeitung und Verdrängung der Vergangenheit, in: vorgänge. Zeitschrift für Bürgerrechte und Gesellschaftspolitik, H. 2/2003, S. 45ff.

70 Zu seinen Schülern gehörte beispielsweise Horst Rudolf Übelacker, Bundesvorsitzender der völkischen Eliteorganisation Witikobund, der lange Jahre die Politik der Sudetendeutschen Landsmannschaft dominiert hat. Vgl. Samuel Salzborn, Grenzenlose Heimat. Geschichte, Gegenwart und Zukunft der Vertriebenenverbände, Berlin 2000, S. 103ff.

71 Vgl. Georg Herde/Alexa Stolze, Die Sudetendeutsche Landsmannschaft. Geschichte, Personen, Hintergründe – eine kritische Bestandsaufnahme, Köln 1987, S. 153.

72 Vgl. Hermann Raschhofer, Die Sudetenfrage. Ihre völkerrechtliche Entwicklung vom Ersten Weltkrieg bis zur Gegenwart, München 1953 (2. erw. Aufl. 1988 zusammen mit Otto Kimminich).

73 Vgl. z.B. Die Welt v. 13.7.1964; Bayernkurier v. 21.11.1964.

74 Vgl. Hermann Raschhofer, Volksgruppenrecht, Nationalitätenstaat und europäische Einigung, in: Walter Doskocil (Hg.), Durchbruch zu neuem Denken. Prager Hochschultage 1952, München 1953 (Schriftenreihe der Ackermann-Gemeinde, Heft 6); ders.; Das Selbstbestimmungsrecht. Sein Ursprung und seine Bedeutung, 2. erw. Aufl., Bonn 1960; ders., Zur Entstehung

wesentlich über seine Veröffentlichungen *Hauptprobleme des Nationalitätenrechts* und *Nationalität als Wesen und Rechtsbegriff* hinaus, wobei er auch hier die Nähe zur praktischen Politik, insbesondere zu den Vertriebenenverbänden suchte. So initiierte Raschhofer zusammen mit Theodor Veiter 1965 eine Arbeitsgruppe »Volksgruppenrecht« beim Bund der Vertriebenen (BdV), die er auch kurze Zeit als Vorsitzender leitete.[75] In einer internen Grundlegung über die Aufgaben dieser Arbeitsgruppe »Volksgruppenrecht« schrieb Raschhofer:

> »Die Arbeitsgruppe ist ein beratendes Organ des BdV. Das berührt freilich weder ihre wissenschaftliche Unabhängigkeit noch ist sie an die praktischen Zielsetzungen des Verbandes gebunden. Sie ist daher auch in der Bestimmung und Abgrenzung der Probleme ihres Arbeitsbereiches autonom. Es scheint jedoch natürlich, vor allem bei der Reihung der zu behandelnden Fragen, denjenigen Vorrang zu geben, die die deutschen Ostvertriebenen und deren Organisation in vordringlichem Maße interessieren. Das sind alle mit der Vertreibung zusammen hängenden Fragen.«[76]

Die Arbeitsgruppe »Volksgruppenrecht« wurde zum zentralen think tank, da sich bei ihren Treffen in den rund zehn Jahren seit ihrer Gründung nahezu alle Personen von Rang und Namen, die an der wissenschaftlichen Ausarbeitung eines europäischen Volksgruppenrechts interessiert waren, an einen Tisch bringen sollte. Neben Raschhofer und Veiter waren dies unter anderem Prof. Dr. Dr. Johann Wilhelm Mannhardt, Prof. Dr. Friedrich Korkisch, Prof. Dr. Eduard Kroker, Prof. Dr. Fritz Münch, Prof. Dr. Felix Ermacora, Prof. Dr. Guy Héraud, Prof. Dr. Peter Pernthaler und Prof. Dr. Boris Meissner.
Bereits nach rund vier Jahren Arbeit legte die Arbeitsgruppe ihre grundlegenden Entwürfe für ein Volksgruppenrecht vor: Das *System eines internationalen Volksgruppenrechts*, dessen erster von drei Bänden 1970 im Wiener Braumüller Verlag erschien (der

---

des Volksgruppenrechts, in: Niedersächsisches Ministerium für Vertriebene, Flüchtlinge und Kriegssachgeschädigte (Hg.), Heimatrecht in polnischer und in deutscher Sicht, 2. überarb. Aufl., Leer/Ostfriesland 1964.

75 Vgl. Hermann Raschhofer/Theodor Veiter, Einladung zur ersten Arbeitstagung der Arbeitsgruppe »Volksgruppenrecht«, 7.10.1965, Bundesarchiv Koblenz (im Folgenden BArchK) B 234 Nr. 82 (5310). Siehe hierzu ausführlich: Samuel Salzborn, Heimatrecht und Volkstumskampf. Außenpolitische Konzepte der Vertriebenenverbände und ihre praktische Umsetzung, Hannover 2001, S. 30ff.

76 Hermann Raschhofer, Aufgaben eines Unterausschusses für Fragen des Volksgruppen- und Minderheitenrechts, undatiert (ca. 1965), BArchK B 234 Nr. 90 (5340).

zweite Band erschien 1972, der dritte 1978).[77] Unter der Federführung von Theodor Veiter war diese bis in die Gegenwart als »Monumentalwerk«[78] geltende Druckschrift von der Arbeitsgruppe Volksgruppenrecht des BdV seit dem Sommer 1965 in Angriff genommen worden. Seinerzeit hatte BdV-Präsident Reinhold Rehs der Arbeitsgruppe die Aufgabe übertragen, »ein solches System eines – zunächst nur europäischen – Volksgruppenrechts wissenschaftlich zu durchforschen und zu ordnen«.[79] Das mit der Veröffentlichung des *Systems eines internationalen Volksgruppenrechts* verfolgte operationelle Ziel bestand darin, die Forderung nach einem europäischen Volksgruppenrecht zu fundieren durch die Erstellung »moderner staats- und völkerrechtlicher Entwürfe für ein derartiges Rechtssystem«,[80] da für den Zeitpunkt einer völkischen Neuordnung Europas »ohne Rücksicht auf Staatsgrenzen«[81] juristischer sowie volkswissenschaftlicher Rat und tragfähige Rechtsnormen bereits vorliegen sollten, um diese dann auch unmittelbar umsetzen zu können.

In der Tat stellen die drei Bände des *Systems* eine fundierte Zusammenfassung der Vorstellung der Volksgruppentheorie in sozialwissenschaftlicher, staats- und völkerrechtlicher sowie historischer und linguistischer Hinsicht aus völkischer Perspektive dar, was insofern von Bedeutung ist, als es eine vergleichbar umfassende und systematische Arbeit zu diesem Thema in der Nachkriegszeit nicht gegeben hatte und überdies *alle* zu diesem Zeitpunkt völkerrechtswissenschaftlich zu diesem Thema systematisch arbeitenden Personen an der Entstehung mitgewirkt haben. Das *System* stellte somit das Kompendium der Volksgruppentheorie der Nachkriegszeit mit dem Ziel dar, eine allgemein anzuerkennende Lehrmeinung niederzulegen. Dies war insofern von immenser Bedeutung, als die Genese des positiven Völkerrechts immens durch juristische Kommentare, theoretische Auslegungen und Interpretationen beeinflusst und damit langfristig (bei Hinzukommen entsprechender völkerrechtlicher Praxis) durch diese auch schrittweise verändert werden kann.

---

77 Vgl. Theodor Veiter (Hg.), System eines internationalen Volksgruppenrechts, 1. Teil: Grundlagen und Begriffe, Wien/Stuttgart 1970; 2. Teil: Innerstaatliche, regionale und universelle Struktur eines Volksgruppenrechts, Wien/Stuttgart 1972; 3. Teil: Sonderprobleme des Schutzes von Volksgruppen und Sprachminderheiten, Wien 1978. Ursprünglich war noch ein 4. Teil des *Systems* geplant gewesen, der aber nicht realisiert wurde. Vgl. Parplies, BdV, an ThAt, BMG, 6.11.1968, BArchK B 234 Nr. 5.
78 Otto Kimminich, Die Föderalistische Union Europäischer Volksgruppen, in: Archiv des Völkerrechts, Heft 1-2/1990, S. 111.
79 Vgl. Theodor Veiter, Einleitung, in: Ders. (Hg.), System eines internationalen Volksgruppenrechts, 1. Teil: Grundlagen und Begriffe, Wien/Stuttgart 1970, S. 5.
80 Reinhold Rehs, Geleitwort, in: Ebd., S. V.
81 Veiter 1970, S. 4.

Raschhofers Tätigkeit in Bezug auf die wissenschaftliche Arbeit an einer zu politisierenden Volksgruppenrechtskonzeption bestand somit in der Nachkriegszeit auch maßgeblich in der Funktion eines Ideengebers, Mentors und Vordenkers. Bemerkenswert im Zusammenhang mit Raschhofers Aktivitäten für die Vertriebenenverbände ist in diesem Zusammenhang ein Satz seines Schülers Otto Kimminich, seines Zeichens Mitherausgeber der Raschhofer-Festschrift[82] und später ebenfalls prominenter Völkerrechtler, der über Raschhofers Lebenssituation in der unmittelbaren Nachkriegszeit schrieb:

> »Die Sudetendeutsche Landsmannschaft aber hatte ihn nicht vergessen, und zog ihn immer wieder zu wissenschaftlichen und publizistischen Aufgaben heran.«[83]

Denn an dieser Aussage offenbart sich ein bemerkenswertes Selbstverständnis hinsichtlich der Kontinuität völkischer Arbeit, da die Sudetendeutsche Landsmannschaft als Organisation erst in der Nachkriegszeit entstand (1949/50) und es insofern schlicht ein Ding der Unmöglichkeit ist, dass sie Raschhofer »nicht vergessen« haben konnte. Folglich wird hier – wenngleich auch unbewusst – die Landsmannschaft unmittelbar mit der SdP bzw. der faschistischen Heinlein-Bewegung assoziiert, in deren Dienst Raschhofer bekanntlich gestanden hatte.

Raschhofers Wirken in der Nachkriegszeit war insofern auch von einem bemerkenswerten theoretischen wie persönlichen Kontinuitätsaspekt gekennzeichnet, was sicher auch deutlich durch seine Unterstützung von Theodor Oberländer zum Ausdruck kam: Raschhofer trug durch seine Publikation *Der Fall Oberländer. Eine vergleichende Rechtsanalyse der Verfahren in Pankow und Bonn*[84] erheblich zur nachträglichen wissenschaftlichen Entlastung seines ehemaligen Kommandeurs und langjährigen Bundesvertriebenenministers (1953–60) Theodor Oberländer bei, den er auch aus gemeinsamer Lehrzeit in Prag und die Zusammenarbeit im Sonderverband Bergmann gut kannte.

Raschhofer war somit ein immens einflussreicher Völkerrechtler, dem es gelungen war, sein in der Weimarer Republik begründetes Ansehen als Nationalitäten- und Volksgruppenrechtler im Nationalsozialismus zu festigen und seinen Ansatz – ohne merkliche inhaltlich substanzielle Änderungen – auch in der Nachkriegszeit weiter

---

82 Vgl. Manfred Abelein/Otto Kimminich (Hg.), Studien zum Staats- und Völkerrecht. Festschrift für Hermann Raschhofer zum 70. Geburtstag am 26. Juli 1975, Kallmünz 1977.
83 Kimminich 1979, S. 7.
84 Vgl. Hermann Raschhofer, Der Fall Oberländer. Eine vergleichende Rechtsanalyse der Verfahren in Pankow und Bonn, Tübingen 1962.

zu profilieren und sowohl wissenschaftlich wie politisch zu verbreiten. Bemerkenswert an Raschhofers Rolle bei der Begründung und Etablierung einer völkischen Ausrichtung in der juristischen Minderheitendebatte war vor allem die Integration von rechtstheoretischen, völkerrechtlichen und volkstumspolitischen Dimensionen, d.h. sein persönliches Eingreifen in den wissenschaftlichen Gegenstand und damit die praktische Umsetzung seiner im Geist der Barbarei formulierten Theorie.

Ethnizität und ethnische Identität

Ein ideologiekritischer Versuch

In der Ethnizitätsforschung hat sich im Wesentlichen eine Dichotomie der theoretischen Grundannahmen durchgesetzt, nach der die Mehrheit der Forschungsansätze klassifiziert wird. Auf der einen Seite handelt es sich um die so genannten primordialistische bzw. essentialistische Position, die davon ausgeht, dass Ethnizität als natürliche Kategorie auf der Basis von objektiven und ursprünglichen Dispositionen erfasst und beschrieben werden kann. Diese Position ließe sich auch als essentialistisch-differenzielle bezeichnen, da sie einerseits von der wie auch immer bestimmten Naturgegebenheit von Ethnizität ausgeht, andererseits aber auch die Menschen nach diesem Kriterium differenziert. Auf der anderen Seite der Ethnizitätsdiskussion findet sich die so genannte konstruktivistische Position, die von einer sozialen Konstruktion von Ethnie und Ethnizität ausgeht. Hier wird vor allem die Subjektivität des normativen Gehalts von Ethnizität betont und auf historische, soziale und politischen Umstände hingewiesen, die die Identifikation mit dem Konzept der Ethnizität verursach(t)en. Diese Dichotomisierung ist sozialwissenschaftlich betrachtet unbefriedigend. Zum einen, weil mit ihr die wissenschaftstheoretische Gefahr einer Vereinfachung verbunden ist, weshalb Stephan Ganter[1] auch vorgeschlagen hat, die Begriffe als »Richtungsbegriffe« zu verwenden, mit deren Hilfe unterschiedliche theoretische Tendenzen angedeutet und die Positionen näherungsweise eingeordnet werden können, ohne dabei Überschneidungen zwischen den Ansätzen zu nivellieren. Zum anderen ergibt sich der gewichtigere Einwand, dass die dichotome Scheidung der Theorien über Ethnizität der politischen und gesellschaftlichen Realität nicht gerecht wird, also beide Konzepte nur Teilausschnitte der Wirklichkeit theoretisch einfangen und somit begrifflich fassbar machen.

Im vorliegenden Beitrag soll versucht werden, beide Ansätze unter Nutzung einer ideologiekritischen Methode nach ihrer gesellschaftlichen Wirklichkeit zu befragen und dabei letztlich beide – wenngleich aus unterschiedlichen Gründen – als verkürzt zu kritisieren. Denn während die konstruktivistische Position Ethnizität als ein lediglich gedachtes Konstrukt verwirft, dabei aber vor dem Problem der Unerklärbarkeit des neuerlichen Booms ethnischer Identifikationsangebote steht, unterstellt die essentialistische Position die Existenz einer ethnischen Prädisposition des menschlichen

---

1   Stephan Ganter: Ethnizität und ethnische Konflikte. Konzepte und theoretische Ansätze für eine vergleichende Analyse, Freiburg i. Br. 1995, S. 18f.

Lebens und ignoriert dabei nicht nur die neueren Erkenntnisse der Sozialwissenschaften, sondern auch den inzwischen naturwissenschaftlich zweifelsfreien Nachweis der Inexistenz einer »natürlichen/biologischen« Grundlage von Ethnizität.

Der Versuch, eine *ideologiekritische Theorie der Ethnizität* zu formulieren, fragt nach der letztlich politisch-psychologischen Attraktivität der Identifikation mit ethnischer Identität wie der schrittweise vollzogenen historischen Konstruktion des »ethnischen Gemeinsamkeitsglaubens«[2] und problematisiert dabei deren subjektive wie die als objektiv unterstellte Dimension. Auf diese Weise könnte ein theoretischer Weg aus dem gegenwärtig weithin bestehenden Missstand des Fehlens einer fundierten sozialwissenschaftlichen Interpretation von Ethnizität und ethnischen Bewegungen aufgezeigt werden, die von einer Kritik ethnischer Homogenitätsideale ausgeht.

***

Das hier zugrunde liegende Verständnis von Ideologie orientiert sich am Ideologiebegriff der Kritischen Theorie und versucht diesen in Anwendung auf den Gegenstand Ethnizität und ethnische Identität weiterzuentwickeln. Wesentlich ist dabei, dass von einer gesellschaftlichen Bezogenheit und damit Wandelbarkeit von politischer Theorie ausgegangen wird, so dass Ideologie nicht als etwas Statisches oder Ontologisches begriffen wird, das von seiner materiellen Basis gesellschaftlicher und politischer Prägung abgetrennt wäre, wenn von einem instrumentellen Charakter der Ideologie ausgegangen würde.[3] Insofern ist der hier verwandte Ideologiebegriff abzugrenzen von einer Begriffsverwendung, bei der unter Ideologie etwas bewusst Eingesetztes, strukturell Unwandelbares und zudem normativ Abgrenzbares von »nichtideologischer« Theorie angenommen wird.

Bei dem Versuch, Ideologieanalyse als kritische Methode anzuwenden, sollte bei der Ideologie von einer historischen Genese mit gesellschaftlich vermittelter Basis ausgegangen werden. Der in der geschichtlichen Epoche des Kapitalismus vorherrschende Warenfetisch, der darin besteht, dass in der warenproduzierenden Gesellschaft den Menschen die »gesellschaftlichen Charaktere ihrer eignen Arbeit als gegenständliche Charaktere der Arbeitsprodukte selbst« und damit als »gesellschaftliche Natureigen-

---

2 Max Weber: Grundriss der Sozialökonomik. III. Abteilung: Wirtschaft und Gesellschaft, 3. Aufl., Tübingen 1947, S. 219.

3 Vgl. Theodor W. Adorno: Jargon der Eigentlichkeit. Zur deutschen Ideologie, in: Ders.: Gesammelte Schriften, Bd. 6, Frankfurt am Main. 1997, S. 413ff.; Max Horkheimer: Zur Kritik der instrumentellen Vernunft, in: Ders.: Gesammelte Schriften, Bd. 6, Frankfurt am Main 1991, S. 19ff.; Horkheimer, Max/Theodor W. Adorno: Dialektik der Aufklärung. Philosophische Fragmente, in: Theodor W. Adorno: Gesammelte Schriften, Bd. 3, Frankfurt am Main 1997, S. 7ff.

schaften« erscheinen und folglich die gesellschaftlichen Verhältnisse die »phantasmagorische Form eines Verhältnisses von Dingen«[4] annehmen, illuminiert durch die Entkoppelung des Gebrauchswertes vom bloß als Gedachtes fungierenden Tauschwert und der hiermit verbundenen Herrschaft des Tauschwertes über das menschliche Bedürfnis sowie die durch ihn eroberte Stellvertreterposition den gesellschaftlichen Schein als Wirklichkeit.[5] Auf diese Weise ist der ideologische Ausdruck der Wirklichkeit einerseits von ihr als empirischer Basis getrennt, wird aber zugleich andererseits für die Wirklichkeit selbst gehalten.[6] Dieser unbewusste Segregationsprozess löst das ideologische Denken jedoch keineswegs gänzlich von der materiellen Realität ab; es wirkt gleichzeitig und permanent verändernd auf die Wirklichkeit ein, gerade so, wie das individuelle Unbewusste auf das Bewusste.[7]

Somit ergibt sich aus einem generativ bestimmten kritischen Ideologiebegriff ein Verständnis von Ideologie, das auf der einen Seite den fiktiven Gehalt der politischen Interpretationen im Blick hat, andererseits aber auf deren realen Kern im Sinne einer gesellschaftlich determinierten Handlungsgrundlage hinweist. So ist die Fiktion auch gleichzeitig real. In diesem Doppelcharakter besteht die Ideologie. Ihre Realität speist sich daraus, dass ihre Fiktivität dem Individuum oder dem Kollektiv nicht bewusst ist und es den falschen Schein der Fiktivität für die richtige Widerspiegelung der Realität hält und danach denkt und handelt. Die Ideologie ist somit, wie Adorno es nannte, »im strengen Sinn, notwendiger Schein«, und zwar »gesellschaftlich notwendiger Schein«.[8] Sie ist als »objektiv notwendiges und zugleich falsches Bewußtsein« zu bestimmen, als »Verschränkung des Wahren und Unwahren, die sich von der vollen Wahrheit ebenso scheidet wie von der bloßen Lüge«.[9]

Eine kritische Ideologieanalyse muss demnach beides – Theorie und Praxis als *gemeinsame* Bestandteile von Ideologie – im Auge haben. Schließlich geht es bei der Aus-

---

4   Karl Marx: Das Kapital. Kritik der politischen Ökonomie. Erster Band, Buch I: Der Produktionsprozeß des Kapitals, in: Karl Marx/Friedrich Engels: MEW, Bd. 23, Berlin 1975, S. 86f.
5   Vgl. Theodor W. Adorno: Soziologie und empirische Forschung, in: Ders.: Gesammelte Schriften, Bd. 8, Frankfurt am Main 1997, S. 196ff.
6   Vgl. Karl Marx/Friedrich Engels: Die deutsche Ideologie, in: Dies.: MEW, Bd. 3, Berlin 1983, S. 263.
7   Vgl. Erich Fromm: Jenseits der Illusionen. Die Bedeutung von Marx und Freud, in: Ders.: Gesamtausgabe, Bd. IX, München 1989, S. 37ff.
8   Theodor W. Adorno: Soziologie und empirische Forschung, in: Ders.: Gesammelte Schriften, Bd. 8, Frankfurt am Main 1997, S. 205; ders.: Zur Logik der Sozialwissenschaften, in: Ders.: Gesammelte Schriften, Bd. 8, Frankfurt am Main 1997, S. 558.
9   Theodor W. Adorno: Beitrag zur Ideologienlehre, in: Ders.: Gesammelte Schriften, Bd. 8, Frankfurt am Main 1997, S. 465.

einandersetzung mit Ideologie um nicht weniger als die Untersuchung der Art und Weise, in der die Interpretation bzw. Deutung sozialer Gegebenheiten dazu dient, Herrschaftsverhältnisse zu stützen und abzusichern, wie John B. Thompson es formuliert hat.[10] Systematisch betrachtet soll diese ideologiekritische Position im Folgenden durch die kritische Reflexion und Diskussion des essentialistischen und des konstruktivistischen Ansatzes entwickelt werden.

***

Auf der Grundlage des Bedürfnisses der Menschen nach Identifikation mit ihrer sozialen Umwelt misst die essentialistisch argumentierende Ethnizitätsforschung den menschlichen Primärbindungen eine zentrale Relevanz bei: »Die Religion und der Nationalismus oder auch irgendeine Sitte oder ein noch so absurder und menschenunwürdiger Glaube sind – wenn sie den einzelnen nur mit anderen verbinden – eine Zuflucht vor dem, was der Mensch am meisten fürchtet: die Isolation.«[11] Ethnische Differenzierung wird als menschlich-ursprünglich, also Teil des menschlichen Wesens verstanden.[12] Theoretischer Kern dieses Postulats ist die Annahme, dass die sozialen Bindungen des Menschen und sein Wunsch nach ihnen eine unentrinnbare ethnische Basis hätten. Diese fundiere sich in Form von Gruppenzugehörigkeit, die für den Prozess der Bildung ethnischer Identität bedeutsam sei. Kultur, Religion, Werte etc. werden diesem Ansatz zufolge durch direkte Vermittlung zwischen den Gruppenangehörigen transportiert und gefestigt. Innerhalb der »Basisbezugsgruppen« (Familie und Ethnie) gründe sich die Verbundenheit auf eine als natürlich angesehene Verbindung (»tie of blood«), die unabhängig von realen gesellschaftlichen und politischen Prozessen bestehe.[13] Die Kleingruppen, resp. die Familienzusammenhänge, bilden dieser Annahme zufolge manifestere Beziehungsstrukturen als die bürgerliche Gesellschaft, da sie stabilere Wert- und Normsysteme als diese herstellen würden. Die Naturalisierung des Sozialen wird mit der Annahme fortgesetzt, dass ein »essentieller Tribalismus«[14] bereits in der familiären Bindung und damit bereits während

---

10 Vgl. John B. Thompson: Studies in the Theory of Ideology, Cambridge/Oxford 1984, S. 4.
11 Erich Fromm: Die Furcht vor der Freiheit, 7. Aufl., München 1998, S. 20f.
12 Vgl. James Kellas: The Politics of Nationalism and Ethnicity, London 1991, S. 4 f.; Albert F. Reiterer: »Theorie der Ethnizität – eine allgemeine Entwicklungstheorie«, in: Österreichische Zeitschrift für Politikwissenschaft, Heft 1/1991, S. 60f.
13 Edward Shils: »Primordial, Personal, Sacred and Civil Ties. Some particular observations on the Relationship of Sociological Research and Theory«, in: The British Journal of Sociology, Bd. 8 (1957), S. 142.
14 Harold R. Isaacs: Idols of the Tribe. Group Identity and Political Change, Cambridge/London 1989, S. 26.

der Primärsozialisation zur Manifestation von kollektiver Identität in Sinne einer erhofften und vom Individuum in jeder Lebenssituation stets wieder aufs Neue herzustellenden Bindung ursprünglichen Charakters wird. Es ist sozusagen der Wunsch zurück nach Wärme und Geborgenheit im Leib der Mutter, von dem aus der Psychologie bekannt ist, dass er eine Fiktion darstellt, da der erhoffte Idealzustand des »vollkommenen Glücks«[15] phantasiert ist und somit nur im Nachhinein durch eine Sublimationsleistung im Unbewussten zum Wunschhorizont hinzugefügt wurde. Bereits die pränatale Situation disponiert dieser Interpretation zufolge die weiteren Grundkonstanten des Lebens, da der gesellschaftliche Ort, in dem das Individuum geboren wird, zu einem ethnischen erklärt wird, in dem die (zweifelsohne real vorhandenen) Vermittlungen durch das primäre Umfeld die ethnische Identität bereits dem Neugeboren – quasi mit der Muttermilch – eintrichtere.[16] Ethnizität wird somit zu einer »question of being«, wie Eugeen Roosens es formuliert hat.[17] Damit verschränkt sich die Annahme der Prädisposition des Menschen mit einer Naturalisierung des Sozialen, die die Verknüpfung von rassistischen und kulturalistischen Exklusionsvorstellungen im Terminus der Ethnie kulminieren lässt – eine rassistische Fundierung, bei der weder Schädel vermessen noch Blutgruppen bestimmt werden müssen, da sie durch das »einende ethnische Band« hergestellt wurde.[18]

So wird der Entscheidungsprozess, sich für oder gegen die Ethnie zu entscheiden, aus dem menschlichen Erfahrungshorizont herausredigiert, denn die individuellen Wünsche nach Zugehörigkeit und Anerkennung sind nur jene des Kollektivs, die das Individuum in der Primärsozialisation introjiziert bekommen habe. Zugleich ist es aber auch die Ethnizität als gesellschaftlich relevantes Faktum, die die individuelle Persönlichkeitsdisposition mitprägt, da es die Werte und Normen der ethnischen Gemeinschaft sind, die dem neugeborenen Individuum während seiner Sozialisation vermittelt werden – ein Entrinnen ist nur möglich, wenn entweder die ethnische

---

15 Béla Grunberger: »Narziß und Ödipus. Eine Kontroverse«, in: Jochen Stork (Hg.): Das Vaterbild in Kontinuität und Wandlung, Stuttgart 1986, S. 74.
16 Vgl. Ganter 1995, S. 27; Harold R. Isaacs: »Basic Group Identity: The Idols of the Tribe«, in: Nathan Glazer/Daniel P. Moynihan (Hg.): Ethnicity. Theory and Experience, 2. Aufl., Cambridge/London 1976, S. 32f.
17 Eugeen Roosens: »Ethnicity as a creation: some theoretical reflections«, in: Keebet von Benda-Beckmann/Maykel Verkuyten (Hg.): Nationalism, ethnicity and cultural identity in Europe, Utrecht 1995, S. 35.
18 Vgl. Mark Terkessidis: »Wir selbst sind die Anderen. Globalisierung, multikulturelle Gesellschaft und Neorassismus«, in: Christoph Butterwegge/Gudrun Hentges (Hg.): Zuwanderung im Zeichen der Globalisierung. Migrations-, Integrations- und Minderheitenpolitik, Opladen 2000, S. 188ff.

Gemeinschaft den Glauben an sich selbst destabilisiert bzw. er destabilisiert wird und sie somit in ihrem Mythos desavouiert wird oder wenn äußere Faktoren wie beispielsweise Zuwanderung anderer Menschen den Erfahrungshorizont des ethnisierten Individuums nachhaltig erschüttern.[19]
Die Basis der Bindung an die Wir-Gruppe bildet die Identifikation mit einer kollektiven Identität, in deren Zentrum der Wunsch der Zugehörigkeit, der Identifikation und des Teilhabens *und* Teilwerdens steht: »Die in einer sozusagen präindividuellen Lebensform steckengebliebene Person empfindet Vereinzelungsangst, Verantwortungsfurcht und isolierte Entfremdung in derart starkem Maße, daß das möglichst schnelle Aufgehen in einem größeren, vorgeblich schützenden und sinngebenden Ganzen zum überwältigenden Bedürfnis wird.«[20] Soziale Bindungen, die in Familienstrukturen noch real existieren, werden auf der Ebene der Ethnie zwischen den Angehörigen der In-Gruppe zur Narration.[21] Je intensiver das ethnische Kollektiv durch Alltagserfahrungen für das Individuum »erlebt« werden kann, etwa durch langes Beibehalten des Wohnsitzes im so genannten Siedlungsgebiet der Ethnie oder durch geregeltes Aufrechterhalten von sozialen Bindungen, desto wirklicher scheint dessen Existenz für die Angehörigen der Ethnie. Denn die Gemengelage aus den zunächst diffusen Gefühlen der Zugehörigkeit wird durch rationale Momente im alltäglichen Handeln gestützt und so in ein sich festigenden Wir-Gefühl transformiert, das zu einer kollektiven Bindung des Individuums an die Gruppe führt. Gefestigt und zugleich bestärkt wird das Individuum durch die Erinnerung an die Vertrautheit der Familiensituation (die tatsächlich oft nur in der Erinnerung existiert und nie real war), in der genau diese intergenerativen Bande zu funktionieren schienen, die ihm Sicherheit und Geborgenheit vor dem Unbekannten gaben. Diese Erinnerung hilft zur Überführung auf das nächsthöhere Kollektiv, wobei die irrationale Seite des Übertragungsprozesses durch außerhalb des Kollektivs liegende Erfahrungen wieder zu rationalisieren versucht wird, etwa im Fall von beruflichen Erfolgen, die auf die ethnisierte soziale Realität bezogen werden. Andererseits entstehen so in der Realität tatsächlich der gemeinsame Erfahrungshorizont und die Möglichkeit einer sich festigenden Verständnisbasis, die dem Individuum das Gefühl der Bezogenheit und der Nähe und Wärme gibt, das es von der Familie als sicher und zuverlässig kannte – oder

---

19 Vgl. Uli Bielefeld (Hg.): Das Eigene und das Fremde. Neuer Rassismus in der Alten Welt?, Hamburg 1991.
20 Friedrich Hacker: Das Faschismus-Syndrom. Psychoanalyse eines aktuellen Phänomens, Düsseldorf u.a. 1990, S. 82.
21 Vgl. Benedict Anderson: Die Erfindung der Nation. Zur Karriere eines folgenreichen Konzepts, erw. Neuaufl., Frankfurt am Main/New York, 1996, S. 206f.

so erinnert.[22] Die faktische Inexistenz einer sozialen Bezogenheit der Angehörigen einer Ethnie wird durch gefühlsmäßige Surrogate zum Paradigma der intergenerativen Zugehörigkeit transformiert, bei dem die in der Familienstruktur noch nachvollziehbare Abstammung als Gemeinsames der Ethnie halluziniert wird. Ebenfalls Teil der neu geschaffenen ethnischen Identität sind aber nicht nur die positiven Erfahrungen, sondern auch das gemeinsame Leiden, bei dem dem Individuum gegenwärtig wird, dass seine Gruppenmitglieder es genauso wenig im Stich lassen, wie seine Familie, der es jedoch im Vergleich an der historischen Legitimation fehlt: »Ethnischer Gemeinsamkeitsglaube enthält immer eine intern bindende und eine extern abstoßende Komponente sowie eine die Einmaligkeit und Eigenwertigkeit der Konfiguration betonende Identifikation.«[23]

Jeder Leidensdruck, der extern auf die Wir-Gruppe gerichtet ist, verstärkt ihre Bindung im Innern (zumindest bis zu einem gewissen Grad), da sie auf die Verlässlichkeit des Kollektivs weist, an das gemeinsame Erfahrungen und Gefühle geknüpft werden.[24] Die Familiarstruktur wirkt sich dabei zugleich stabilisierend wie destabilisierend für die bürgerliche Gesellschaft aus, da sie als »Agentur der Gesellschaft«[25] einerseits für die Aufnahme der nationalen Symbole und Mythen in den familiären Mythenhaushalt verantwortlich ist, andererseits aber auch die organisatorische Grundlage für die die bürgerliche Gesellschaft unterminierenden Wir-Gruppen der Ethnien bildet.[26] Diese als ursprünglich angesehenen Wir-Gruppen, die auf teils vermeintlichen, teils realen persönlichen Beziehungen der Gruppenangehörigen basieren, stellen dabei dann eine Gefahr für die Fortexistenz der bürgerlichen Gesellschaft dar, wenn die Fiktion der kollektiven Separatidentität bei entsprechender Mobilisierung gegen den bürgerlichen (National-)Staat gewendet wird. Die Tendenz des modernen Nationalstaates zur Vereinheitlichung der Lebensrealitäten und Zentralisierung politischer und ökonomischer Ressourcen ist umgekehrt auch eine Gefahr für die ethnischen Einheiten und ihre Fortexistenz, wie unter anderem die – wenn auch nur sehr schleichende – Überwindung von bäuerlicher Lebensweise und kulturellem Folklorismus

---

22 Vgl. Ganter 1995, S. 60; Isaacs 1976, S. 35.
23 Hartmut Esser: »Ethnische Differenzierung und moderne Gesellschaft«, in: Zeitschrift für Soziologie, Heft 4/1988, S. 236.
24 Vgl. Wolfram Stender: »Vom völkischen Nationalismus zum Ethnonationalismus – Ideologieproduktion in Deutschland«, in: Tel Aviver Jahrbuch für deutsche Geschichte, Bd. XXX (2002), S. 62.
25 Theodor W. Adorno/Max Horkheimer: »Familie«, in: Institut für Sozialforschung: Soziologische Exkurse, Hamburg 1991, S. 122.
26 Vgl. Ganter 1995, S. 23.

in der Gegenwart zeigt.²⁷ In diesem Konflikt mit der Nation stabilisieren sich die ethnischen Gruppen in legitimatorischer Hinsicht tautologisch, da es ihre Ethnizität ist, auf die sie sich etwa bei durch ökonomische Krisen ausgelösten Zweifeln an der gegenwärtigen politischen Organisation berufen und von der nächstgrößeren (und abstrakteren) Einheit, der des Nationalen, abwenden, da sie diese aufgrund ihrer Unübersichtlichkeit und ihrer Apersonalität für Phänomene, die sich für sie zunächst nicht erschließen, verantwortlich machen. Dass dabei die Nation sowohl republikanisch wie völkisch gedacht werden kann, steht außer Frage.²⁸

***

»Ethnizität als allgemeines soziologisches Konzept bezeichnet die für individuelles und kollektives Handeln bedeutsame Tatsache, daß eine relativ große Gruppe von Menschen durch den Glauben an eine gemeinsame Herkunft, durch Gemeinsamkeiten von Kultur und Geschichte verbunden sind und ein bestimmtes Zusammengehörigkeitsbewußtsein besitzen. Ethnizität konstituiert ethnische Kollektive; ethnische Kollektive sind zum einen soziale Beziehungsstrukturen; zum andern sind sie ‚soziale Kategorien', die für Chancen zum gemeinsamen Handeln zwischen Menschen stehen.«²⁹ Die chronologisch richtige Annahme, dass Ethnizität ethnische Kollektive konstituiert, dass also das Konzept der Ethnizität seiner faktischen Umsetzung vorausgeht, bedarf der Korrelation mit der individuellen Seite des Ethnisierungsprozesses, bei dem die Ethnizität als subjektives Deutungsmuster kollektiver Aufladung

---

27 Vgl. Ulrike Bodemann: »Folklorismus – Ein Modellentwurf«, in: Rheinisch-westfälische Zeitschrift für Volkskunde, Bd. 28 (1983), S. 101ff.; Gottfried Korff: »Folklorismus und Regionalismus. Eine Skizze zum Problem der kulturellen Kompensation ökonomischer Rückständigkeit«, in: Konrad Köstlin/Hermann Bausinger (Hg.): Heimat und Identität. Probleme regionaler Kultur, Neumünster 1980, S. 39ff.; Kaspar Maase: »Nahwelten zwischen ‚Heimat' und ‚Kulisse'. Anmerkungen zur volkskundlich-kulturwissenschaftlichen Regionalitätsforschung«, in: Zeitschrift für Volkskunde, 94. Jg. (1998), S. 53ff.
28 Vgl. Bernd Estel: »Grundaspekte der Nation. Eine begrifflich-systematische Untersuchung«, in: Soziale Welt, Heft 2/1991, S. 208ff.; Bernd Schönemann: »‚Volk' und ‚Nation' in Deutschland und Frankreich 1760-1815. Zur politischen Karriere zweier Begriffe«, in: Zeitschrift für Pädagogik, 24. Beiheft: Französische Revolution und Pädagogik der Moderne. Aufklärung, Revolution und Menschenbildung im Übergang vom Ancien Régime zur bürgerlichen Gesellschaft, herausgegeben von Ulrich Herrmann und Jürgen Oelkers, Weinheim/Basel 1989, S. 275ff.; Heinrich August Winkler/Hartmut Kaelble (Hg.): Nationalismus – Nationalitäten – Supranationalität, Stuttgart 1993.
29 Friedrich Heckmann: »Volk, Nation, ethnische Gruppe und ethnische Minderheiten. Zu einigen Grundkategorien von Ethnizität«, in: Österreichische Zeitschrift für Soziologie, Heft 3/1988, S. 21.

fungiert, um nicht eine »mysteriöse Kraft«[30] als Determinante der menschlichen sozialen Praxis zu verorten. Entscheidend für den subjektiven Abstammungsglauben, der sich in einer Ethnie als »familienübergreifende und familienerfassende Gruppe«[31] findet und deren Kollektividentität speist, ist die Feststellung von phänotypischen Ähnlichkeiten (und seien es nur solche von partieller Erkennbarkeit), die im Kontext des Gruppenkonstituierungsprozesses in Kombination mit kulturellen Codes für wesentlich gehalten werden.[32] Dabei ist es nicht, wie schon Max Weber feststellte[33] und wie neuere Erkenntnisse der Biologie belegen,[34] eine »objektive Blutsgemeinschaft«, die diesen Prozess prägt, sondern die subjektive Fiktion, die diese aufgrund vermeintlicher Eigenheiten biologischer und/oder kultureller Prägung behauptet. Die in Bezug auf die Familie noch weitgehend zutreffende Feststellung von Gemeinsamkeiten in optischer und gesellschaftlicher Dimension existiert auf der Ebene der Ethnie nur noch als Gedachtes.[35] Diese vorgestellte Gemeinschaft entfaltet allerdings, trotz ihrer Fiktivität hinsichtlich ihrer Konstituierung, erhebliche politische und auch gesellschaftliche Wirkungsmächtigkeit, da sie den Ver*gemeinschaftungs*prozess fördert und somit zugleich die Ver*gesellschaft*ung, also die Emanzipation des Individuums von seinen vorpolitischen Zwängen, hemmt bzw. regressiv unterminiert.[36] Es ist aufschlussreich, dass die stets apostrophierten kulturellen Differenzen zwischen den einzelnen Ethnien sozialanthropologisch betrachtet auch in ihrer empirischen Messbarkeit häufig so minimal sind, dass eine Klassifizierung schon allein deshalb als absurd erscheinen müsste, weil derartige Minimaldifferenzen sowohl in biologischer, als auch in kultureller Perspektive eher auf gemeinsame Sozialisationserfahrungen im

---

30 Astrid Lentz: Ethnizität und Macht. Ethnische Differenzierung als Struktur und Prozeß sozialer Schließung im Kapitalismus, Köln 1995, S. 25.
31 Georg Elwert: »Nationalismus und Ethnizität. Über die Bildung von Wir-Gruppen«, in: Kölner Zeitschrift für Soziologie und Sozialpsychologie, 41. Jg. (1989), S. 447.
32 Vgl. Eckhard J. Dittrich/Frank-Olaf Radtke: »Der Beitrag der Wissenschaften zur Konstruktion ethnischer Minderheiten«, in: Dies. (Hg.): Ethnizität. Wissenschaft und Minderheiten, Opladen 1990, S. 17ff.
33 Max Weber: Grundriss der Sozialökonomik. III. Abteilung: Wirtschaft und Gesellschaft, 3. Aufl., Tübingen 1947, S. 216ff.
34 Vgl. Luca Cavalli-Sforza/Francesco Cavalli-Sforza: Verschieden und doch gleich. Ein Genetiker entzieht dem Rassismus die Grundlage, München 1996.
35 Vgl. Marcus Banks: Ethnicity: anthropological constructions, London/New York 1996.
36 Vgl. Albert F. Reiterer: Die unvermeidbare Nation. Ethnizität, Nationalität und nachnationale Gesellschaft, Frankfurt am Main/New York 1988, S. 36.

nationalem Kontext hinweisen, als dass sie helfen würden, das Bild der subnationalen Kollektive ethnischer Prägung zu zeichnen.[37] Auch in historischer Perspektive zeigt sich die Bedingtheit von Ethnizität, die überhaupt erst mit dem Entstehen der bürgerlichen Gesellschaft zu einem Segregationskriterium werden konnte. Im Gegensatz zu vorbürgerlichen politischen Organisationsformen zeichnet sich der Nationalstaat in der Regel durch seine territoriale Gebunden- und Geschlossenheit aus, auf dessen Gebiet aufeinander abgestimmte administrative, politische, rechtliche und ökonomische Beziehungszusammenhänge institutioneller Prägung in Interaktion miteinander treten, deren Modernität in der (zumindest administrativ proklamierten) sprachlichen Einheitlichkeit und damit ihrer kommunikativen Kompetenz liegt. Dabei kann der Prozess der Nationswerdung auch nicht über die reale Fortexistenz von zahlreichen Dia- und Soziolekten hinwegtäuschen, die es etwa in der deutschen Sprache unmöglich erscheinen lassen, sie sich historisch wie aktuell als tatsächliche Einheit *in der Realität* vorzustellen;[38] aber das weist gleichsam nur auf die Konstrukthaftigkeit des Nationalen hin, das im Rahmen sprachlicher Konstruktionsprozesse gewisse Analogien zur Ethnizitätskonstruktion aufweist. Verknüpft mit dem Staatsterritorium bilden die Elemente der Staatsgewalt und des Staatsvolkes die konstitutiven Merkmale des modernen Staates, wobei unter Volk/Nation im staatlichen Sinn diejenigen Personen zu verstehen sind, »die durch dieselbe Staatsangehörigkeit miteinander verbunden sind«.[39] Der Volksbegriff wurde somit in der Moderne von seinen vorbürgerlichen Bezügen entkoppelt, ja geradezu politisiert, indem er »ehedem separat abrufbare schichten- oder gruppenspezifische Bedeutungen«[40] des Volks- bzw. Nationsbegriffs vereinnahmte, und zugleich deutlich an das Kriterium der Staatlichkeit gebunden: »Nationen sind (ethnisch oder republikanisch) verstandene Völker mit Staaten, und Ethnien sind Völker ohne Staaten (die, wenn sie Anspruch darauf erheben, ihre Nationalität einklagen [...]). Der Bezug auf den Staat geht also konstitutiv in die Bedeutung von Ethnizität und Nationalität ein. Ethnizität als moderne Form der Abgrenzung entsteht erst in bezug auf den Terri-

---

37 Vgl. Fredrik Barth (Hg.): Ethnic Groups and Boundaries. The Social Organization of Culture Difference, Oslo/London 1969.
38 Vgl. Oskar Reichmann: »Nationalsprache als Konzept der Sprachwissenschaft«, in: Andreas Gardt (Hg.): Nation und Sprache. Die Diskussion ihres Verhältnisses in Geschichte und Gegenwart, Berlin/New York 2000, S. 419ff.
39 Karl-Michael Reineck: Allgemeine Staatslehre und Deutsches Staatsrecht, 13. Aufl., Hamburg 1999, S. 21.
40 Reinhart Koselleck: »Volk, Nation, Nationalismus, Masse (Einleitung)«, in: Otto Brunner/Werner Conze/Reinhart Koselleck (Hg.): Geschichtliche Grundbegriffe. Historisches Lexikon zur politisch-sozialen Sprache in Deutschland, Bd. 7, Stuttgart 1992, S. 148.

torialstaat als politische Organisierungsform und seine Selbstbeschreibungsform als Nation.«[41] Der moderne Nationalstaat ist damit gleichermaßen Quelle für die Entstehung der »Beschreibungsform Ethnizität«[42] als politisches Scheidungskriterium, wie er ihr durch seine Existenz auch ihre Endlichkeit und Bedingtheit vor Augen hält, die sich unmittelbar an seine Existenz koppelt und die ohne ihn keine Sinngebung hätte. So wie der Nationalstaat sich seine ethnischen substaatlichen Kollektive schafft bzw. so, wie vorbürgerliche Stämme ihre Fiktionen *als Ethnien* in die bürgerliche Gesellschaft hinüberretten,[43] so setzt er ihnen ihre Grenzen durch den alltäglichen Prozess der Vergesellschaftung des Vormodernen, das wie Ernst Bloch treffend herausarbeitete, als ungleichzeitiges Moment in der Moderne fortexistiert:[44] »Ethnizität und Nationalität sind [..] limitierende Beschreibungsformen und dabei Teil einer Semantik, in der in ihre Bedeutung konstitutiv der Bezug auf Staaten als Ausdruck von und (im Falle von Demokratien) im Besitz von (politisch oder vorpolitisch konstituierten) Gemeinschaften eingeht.«[45] Ferner muss die Entstehung der modernen Vorstellung von Zeit für die Entstehung der Narration der Ethnizität (wie auch für die der Nation) als bedeutsam angesehen werden. Denn die Zeit – genauer: die menschliche Herstellung einer Messbarkeit der Zeit – ist die Voraussetzung für die Annahme von grundsätzlichen Differenzen, die über das Konkrete, das erreichbare und wahrnehmbare soziale Umfeld hinausgehen. Ein Nebeneffekt der Nutzung von Zeit zur einheitlichen Messung von Arbeitsquanta[46] war die Möglichkeit zu einem über die konkrete Lebensumgebung der Individuen hinausgehenden räumlichen Vergleich. Entgegen der vorkapitalistischen, religiös dominierten Zeitauffassung (»messianische Zeit«), in der Vergangenheit und Zukunft in einer unmittelbaren Gegenwart zusammenfielen, entstand im Gefolge der Aufklärung eine Vorstellung von »homogener und leerer Zeit«,[47] die nicht durch Präfiguration und Erfüllung gekennzeichnet ist, sondern durch eine durch Uhr und Kalender messbare zeitliche Deckung: »Die Vorstellung eines sozia-

---

41 Michael Bommes: »Migration und Ethnizität im nationalen Sozialstaat«, in: Zeitschrift für Soziologie, Heft 5/1994, S. 366.
42 Ebd.
43 Vgl. Marco Heinz: Ethnizität und ethnische Identität. Eine Begriffsgeschichte, Bonn 1993, S. 211ff.
44 Ernst Bloch: Erbschaft dieser Zeit. Erweiterte Ausgabe, in: Ders.: Gesamtausgabe, Bd. 4, Frankfurt am Main 1962, S. 104ff.
45 Bommes 1994, S. 367.
46 Vgl. Karl Marx: Zur Kritik der Politischen Ökonomie, in: Karl Marx/Friedrich Engels: MEW, Bd. 13, Berlin 1961, S. 15ff.
47 Walter Benjamin: Über den Begriff der Geschichte, in: Ders.: Illuminationen. Ausgewählte Schriften Bd. 1, Frankfurt am Main 1977, S. 258.

len Organismus, der sich bestimmbar durch eine homogene und leere Zeit bewegt, ist eine Analogie zur Nation, die ebenfalls als beständige Gemeinschaft verstanden wird, die sich gleichmäßig durch die Geschichte hinauf (oder hinunter) bewegt.«[48] Die damit entstehende Vorstellung von historischer Zeit schuf die Wahrnehmung von verschiedenen Ereignissen, die zum selben Zeitpunkt an unterschiedlichen Orten stattfinden, und zwar sowohl in der Gegenwart als auch in der Vergangenheit. Dies war für die Ethnizitätskonstruktion von Bedeutung, weil so die Wahrnehmung »des Anderen« an Bedeutung gewann und die Parallelität von Ereignissen (und damit auch Menschengruppen) vergleichbar und klassifizierbar wurde.

Verbunden mit dieser Modifikation der Zeitwahrnehmung ist die Entstehung der modernen Wissenschaften für die Annahme einer Existenz von Ethnizität von erheblicher Relevanz. Denn die vormals herrschende Theologie verlor im Zuge der Entdeckung von Naturgesetzlichkeiten und der Begründung der modernen Naturwissenschaften erheblich an gesellschaftlichem Einfluss.[49] Im Prozess der Zurückdrängung des allumfassenden Erklärungsanspruchs der Religion durch die Philosophie der Aufklärung nahmen die Naturwissenschaften den Platz von göttlicher Vorsehung und göttlichen Gesetzen ein. Der Glaube wurde durch das empirisch Mess- und Beobachtbare ersetzt. Die vor allem im 18. Jahrhundert zu erheblicher Bedeutung erlangten Berichte von überseeischen Reisen, die Darstellungen und Systematisierung der Erfahrungen in der »Neuen Welt« und die Konfrontation mit »anderen« Lebensrealitäten prägten ein Bild einer in »quasi-natürliche Entitäten«[50] differenzierten Menschheit. Denn die wahrnehmbaren Differenzen in der Entwicklung der Gesellschaften wurden nicht etwa historisch erklärt, sondern »unter Rückgriff auf natürliche Gesetzmäßigkeiten« begriffen.[51] Es entstand ein Bild des Anders-Seins von Menschen, das zudem zu Klassifizierungen und Hierarchisierungen führte: »Die traditionelle Auffassung, daß es sich in der Aufklärung um eine Phase westlicher Geschichte gehandelt habe, in der humanistische und universalistische Verhaltensdoktrin entwickelt wurden, ist durchaus gerechtfertigt, aber Humanismus und Universalismus galten explizit oder implizit nur für weiße, wohlhabende und gebildete Männer.«[52] Die Ausprägung und Fortentwicklung der modernen (Natur-)Wissenschaften war verknüpft mit der Fundierung von Ordnungssystemen ethnologischen und rassistischen Zuschnitts: »Während

---

48 Anderson 1996, S. 33.
49 Vgl. Gudrun Hentges: Schattenseiten der Aufklärung. Die Darstellung von Juden und »Wilden« in philosophischen Schriften des 18. und 19. Jahrhunderts, Schwalbach/Ts.1999, S. 279.
50 Lentz 1995, S. 58.
51 Ebd.
52 Ebd., S. 61.

das Gleichheitspostulat als universelles formuliert, jedoch nur zögerlich und partiell umgesetzt worden ist, wurden auf der ideologischen Ebene gleichzeitig auch Argumentationsmuster entwickelt, die der Legitimation von Ungleichheit dienten.«[53] Die Differenzierung und Segregation von Menschen bildet somit als »Schattenseite der Aufklärung«[54] den Grundstein für den Siegeszug der Ethnizität als politischem und sozialem Ausschließungsmodell.

***

Die politische und historische Verortung der sozialen Konstruktion von Ethnizität weist auf deren Prozesshaftigkeit hin, die in der bürgerlichen Gesellschaft zur politischen Realität wurde. Die Beschreibung der historischen Konstruktion von Ethnizität kann dabei den »Unwahrheitsgehalt« von Ethnizität bestimmen, jedoch bleibt das Potenzial zur tatsächlichen Ausrichtung politischer und theoretischer Handlungsmaximen am ethnischen Postulat in dieser Perspektive noch eher im Unklaren. Dieses Potenzial ist dabei nicht in den Legitimationsgrundlagen von Ethnizität – seien sie biologischer oder kultureller Art – selbst zu suchen. Es besteht vielmehr in der gesellschaftlichen Wirkungsmächtigkeit ethnischer Konzepte.[55] Die angesprochene Prozesshaftigkeit des Ethnisierungsprozesses stellt dabei den analytischen Rahmen für eine ideologiekritische Interpretation von Ethnizität dar.

Die individuelle Akzeptanz von Ethnien beruht, wie sich mit Etienne Balibar formulieren lässt, auf »der Projektion der individuellen Existenz in das Geflecht einer kollektiven Geschichte, auf der Anerkennung eines gemeinsamen *Namens* und auf den Traditionen, die als Spuren einer unvordenklichen Vergangenheit erlebt werden (selbst wenn sie erst in jüngerer Zeit geschaffen und den Menschen anerzogen wurden).«[56] Ethnie und Ethnizität sind dabei – ebenso wie Volk oder Nation – »*Namen* für ideelle Signifikanten, auf die Gefühle und Affekte *übertragen* werden können«:[57] »Ethnische Ordnungsmodelle werden für die Individuen auf der Grundlage von Symbolfor-

---

53 Hentges 1999, S. 281.
54 Ebd.
55 Vgl. Friedrich Heckmann: »Ethnos – eine imaginierte oder reale Gruppe? Über Ethnizität als soziologische Kategorie«, in: Robert Hettlage/Petra Deger/Susanne Wagner (Hg.): Kollektive Identität in Krisen. Ethnizität in Religion, Nation, Europa, Opladen 1997, S. 50ff.
56 Etienne Balibar: »Die Nation-Form: Geschichte und Ideologie«, in: Ders./Immanuel Wallerstein: Rasse – Klasse – Nation. Ambivalente Identitäten, 2. Aufl., Hamburg/Berlin 1992, S. 115.
57 Hans Petschar: »Nation? Volk? Rasse? Antwort auf die Frage: Wie man Kollektive (Identifikationen) schafft«, in: Ders. (Hg.): Identität und Kulturtransfer. Semiotische Aspekte von Einheit und Wandel sozialer Körper, Wien u.a. 1993, S. 227.

mationen, die sich auf Objekte und Handlungen gründen, zu subjektiv erfahrbaren Identifikationskriterien. Die Handlungsformen, in welchen ethnische Differenzierung symbolisiert ist, basieren dabei auf soziokulturellen Figurationen allgemein menschlicher Reproduktionserfordernisse und Selbstzweckpraktiken. Die ethnische Differenzierung ist damit kein imaginäres Konstrukt, sondern Ausdruck gesellschaftlich-sozialer Praxis. Deren konkrete soziokulturellen Formen bilden die Grundlage ethnischer Distinktionskriterien. Innerhalb dieser Praxis produzieren, reproduzieren und verändern Menschen ihre soziokulturellen Bedeutungssysteme und materiellen Lebensbedingungen.«[58] Ethnie ist ein schließendes Ideologieangebot, das sich nicht nur durch Ausgrenzung und Abgrenzung definiert; diese selbst machen in der Tat seinen essentiellen Charakter aus: Die Segregation ist nicht eine Folge oder ein Produkt der Ethnizitätsvorstellung und ihrer Praxis, sondern sie ist sie selbst. Lediglich die Kriterien (Sprache, Kultur, »Rasse«) sind austauschbar, da der Begriff Ethnizität »das Schwanken des Diskurses zwischen kulturalistischen und genealogischen Aussagen« signalisiert. Keine Definition kommt »ohne einen Rekurs auf eine ‚gemeinsame Herkunft'« aus, die »das interdiskursive Scharnier zwischen dem historizistischen Diskurs der Überlieferung und dem biologistischen Diskurs der Abstammung« darstellt, wie Jost Müller präzise formuliert hat.[59] Und, so lässt sich ergänzen, kein Modell der Ethnizität kommt ohne differenzialistische Scheidung aus, ja es kann sogar definitionsgemäß keinem universellen Anspruch genügen, da es diesen nicht erst theoretisch, sondern bereits semantisch durch seinen strukturellen Partikularismus ausschließt:[60] »Ethnizität kennt grundsätzlich keine Durchlässigkeit.«[61]

Der damit zu attestierende autoritäre Gehalt von Ethnizität bildet zugleich die sozialpsychologische Ursache für den Identifikationsprozess mit dem ethnischen Angebot, wobei unter einem Autoritätsverhältnis im psychologischen Sinn ein nicht bloß erzwungenes Verhalten zu verstehen ist, da zu jedem Autoritätsverhältnis die

---

58 Achim Beinsen: Die bosnischen Muslime im Zerfallsprozeß Jugoslawiens – Dispositive »ethnischer« und »ethnonationaler« Differenzierung, Diplomarbeit (unveröffentl.), Hannover 1999, S. 41.

59 Jost Müller: Mythen der Rechten. Nation – Ethnie – Kultur, Berlin/Amsterdam 1995, S. 102f.

60 Vgl. Friedrich Kluge: »Stichwort ethnisch/Ethnie«, in: Etymologisches Wörterbuch der deutschen Sprache, bearbeitet von Elmar Seebold, 23. erw. Aufl., Berlin/New York 1995, S. 236; Wolfgang Pfeifer: »Stichwort ethnisch«, in: Etymologisches Wörterbuch des Deutschen, 3. Aufl., München 1997, S. 302.

61 Anton Pelinka: »Zur intellektuellen Widersprüchlichkeit des ethnischen Nationsbegriffes«, in: Rudolf Burger/Hans-Dieter Klein/Wolfgang H. Schrader (Hg.): Gesellschaft, Staat, Nation, Wien 1996, S. 29.

gefühlsmäßige Bindung einer untergeordneten zu einer übergeordneten Person oder Instanz gehört, wobei die Komponenten des Gefühlskomplexes manchmal bewusst und manchmal unbewusst vorhanden sind.[62] Den »tragenden Kern eines Autoritätsverhältnisses«[63] bilden somit Liebe und die Angst vor Liebesverlust und nicht – wie bisweilen fälschlich angenommen wird – die Macht der Autorität und die Angst vor Folgen einer Pflichtverletzung. Entscheidend ist hierbei, dass non-personale Autoritätsverhältnisse (zu Volk, Nation oder eben Ethnie) nicht nur als Indikatoren gelten können, die Autoritarismus messbar machen (F-Skala), sondern selbst unmittelbarer Ausdruck des Autoritätsverhältnisses sind.[64] Wenn der Mensch durch autoritäre, d.h. sozialpsychologisch ausgedrückt: sado-masochistische Anbindung an eine Person (z.B. Vater, politischer Führer) oder ein Gruppe (z.B. Sportverein) gebunden wird, weil ihm die Dialektik von Gehorsamkeit und Macht Lust und Befriedigung verschafft, so verhält sich dies bei non-personalen Kategorien nicht anders: »Wo dieser Charakter Macht spürt, muss er sie beinahe automatisch verehren und lieben. Dabei ist es gleich, ob es um die Macht eines Menschen, einer Institution oder eines durch die Gesellschaft anerkannten Gedankens handelt.«[65]
So wird das politische Modell der Ethnizität, das an Triebimpulse im Individuum appelliert und mit dessen psychischen Apparaten bereits strukturell-gesellschaftlich durch das »Medium der Familie«[66] verknüpft ist (im Sinne einer Anpassung der Triebstruktur an bestimmte, durch die Autorität ‚Ethnie' gesetzte Bedingungen), durch Sublimierung und Reaktionsbildungen zu Charakterzügen im Ich umgewandelt. Die äußere Gewalt wird durch das Über-Ich transformiert und zwar so, dass sie in eine innere Gewalt verwandelt wird. Die Autoritäten als Vertreter der äußeren Gewalt werden verinnerlicht, und das Individuum handelt entsprechend ihrer Gebote und Verbote nun nicht mehr allein aus der Furcht vor äußeren Strafen heraus, sondern aus der Furcht vor der psychischen Instanz, die es auf diese Weise in sich selbst aufgerichtet hat. Das Über-Ich verhält sich dabei zur Autorität dialektisch: Es ist einerseits eine Verinnerlichung der Autorität, und diese wird andererseits durch Projektion der Über-Ich-Eigenschaften auf sie verklärt und in dieser verklärten Ge-

---

62 Vgl. Erich Fromm: »Sozialpsychologischer Teil«, in: Institut für Sozialforschung (Hg.): Studien über Autorität und Familie, Paris 1936, S. 79f.
63 Ebd., S. 78.
64 Vgl. Andrea Herrmann/Peter Schmidt: »Autoritarismus, Anomie und Ethnozentrismus«, in: Gerda Lederer/Peter Schmidt (Hg.): Autoritarismus und Gesellschaft. Trendanalysen und vergleichende Jugenduntersuchungen 1945–1993, Opladen 1995, S. 287ff.
65 Fromm 1936, S. 115.
66 Ebd., S. 109.

stalt wiederum verinnerlicht. Somit lässt sich sagen: »Einmal ist das Über-Ich die verinnerlichte Autorität und die Autorität das personifizierte Über-Ich, zum andern schafft das Zusammenwirken beider die freiwillige Fügsamkeit und Unterwerfung, welche die gesellschaftliche Praxis in einem erstaunlichen Masse kennzeichnen.«[67] Die für die Partizipationsentscheidung am ethnischen Kollektiv wichtigere masochistische Komponente des sado-masochistischen (autoritären) Charakters[68] besteht in seinem Doppelcharakter, der sowohl negative wie positive Befriedigung verspricht, nämlich »negativ als Befreiung von Angst, beziehungsweise Gewährung von Schutz durch Anlehnung an eine gewaltige Macht, positiv als Befriedigung der eignen Wünsche nach Größe und Stärke durch das Aufgehen in der Macht«, wobei das Aufgehen im Größeren, Stärkeren nicht nur ein »Aufgeben der eignen, sondern das Teilhaben an einer machtvollen überragenden Persönlichkeit«[69] bedeutet: »Im Grunde verfügen sie nur über ein schwaches Ich und bedürfen darum als Ersatz der Identifikation mit großen Kollektiven und der Deckung durch diese.«[70]

Das an Sigmund Freuds *Massenpsychologie und Ich-Analyse* angelehnte Vergesellschaftungsmodell,[71] namentlich die Ersetzung des Über-Ichs des Individuums durch eine externe Autorität, die Adorno als Externalisierung beschrieben hat,[72] klärt zwar die autoritäre Bindung an das ethnische Kollektiv wie auch die Internalisierung der Ethnizität in das Ich des Individuums aufgrund der Personifikation der Autorität als Über-Ich, jedoch wird ein anderer psychischer Faktor, nämlich die Attraktivität der Segregation selbst, nur strukturell auf der Ebene eines äußeren Autoritarismus erfasst. Seine Begründung hat diese Lust an der Segregation in einem prä-ödipalen (Gruppen-)Narzissmus.[73]

---

67   Ebd., S. 87.
68   Obgleich der Begriff des sado-masochistischen Charakters aus psychoanalytischer Perspektive der treffende ist, wird im Folgenden der Begriff des autoritären Charakters verwandt, da sich dieser in der sozialwissenschaftlichen Debatte durchgesetzt hat. Vgl. Erich Fromm: Die Furcht vor der Freiheit, 7. Aufl., München 1998, S. 122.
69   Fromm 1936, S. 123f.
70   Theodor W. Adorno: »Was bedeutet: Aufarbeitung der Vergangenheit«, in: Ders.: Eingriffe. Neun kritische Modelle. Gesammelte Schriften, Bd. 10.2, Frankfurt am Main 1997, S. 561f.
71   Sigmund Freud: Massenpsychologie und Ich-Analyse, in: Ders.: Gesammelte Werke, Bd. 13, Frankfurt am Main 1999, S. 73ff.
72   Theodor W. Adorno: Freudian Theory and the Pattern of Fascist Propaganda, in: Ders.: Gesammelte Schriften, Bd. 8, Frankfurt am Main 1997, S. 416.
73   Vgl. Manfred Clemenz: »Aspekte einer Theorie des aktuellen Rechtsextremismus in Deutschland. Eine sozialpsychologische Kritik«, in: Hans-Dieter König (Hg.): Sozialpsychologie des Rechtsextremismus, Frankfurt am Main 1998, S. 144ff.; Werner Bohleber: »Nationalismus,

Manfred Clemenz hat aufschlussreiche Erkenntnisse zum Verhältnis von autoritarismus- und narzissmustheoretisch argumentierenden Ansätzen zur (sozialpsychologischen) Erklärung des Rechtsextremismus geliefert, die ihn namentlich zu der Annahme führten, dass die »‚autoritäre' und ‚narzißtische Persönlichkeit' keine *disjunktiven* Konzepte« seien, sondern vielmehr von zahlreichen »Abstufungen und Zwischenstufen« und somit »gemeinsame ‚Schnittmengen'« auszugehen sei.[74] Gleichwohl klärte er deren Kontextualität nicht. Zumeist gehen autoritarismustheoretische Konzepte von einer Übertragung auf personale Autoritäten wie etwa »den Führer« aus. Im sozialpsychologischen Grundentwurf dieses Konzeptes von Erich Fromm finden sich aber bereits erste Hinweise darauf, dass keinesfalls nur Personen für autoritäre Charaktere von Interesse sind, sondern auch Ideen, Werte usw.[75] Und so kann eine autoritäre Bindung etwa an die Vorstellung der Ethnizität auch zugleich die Individuen zur Befriedigung ihrer narzistischen Verschmelzungs- und Größenphantasien im Kollektiv führen: »Wenn, wie beim Gruppennarzißmus, das Objekt nicht der einzelne, sondern die Gruppe ist, der er angehört, kann sich der einzelne dieses Narzißmus voll bewußt sein und ihn ohne Hemmungen zum Ausdruck bringen. Die Behauptung, daß ‚mein Vaterland' (oder meine Nation oder meine Religion) am wunderbarsten, kultiviertesten, mächtigsten, friedliebendsten usw. ist, klingt durchaus nicht verrückt. Im Gegenteil, es klingt nach Patriotismus, Glaube und Loyalität. Außerdem erscheint es als ein realistisches und vernünftiges Werturteil, da es von vielen Mitgliedern der gleichen Gruppe geteilt wird. Dieser Konsensus bringt es fertig, die Phantasie in eine Realität umzuwandeln, da Realität für die meisten Menschen durch den allgemeinen Konsensus erzeugt wird und sich nicht auf vernünftige oder kritische Überlegungen gründet.«[76] Ethnizität appelliert somit gleichermaßen an autoritäre wie an narzisstische Momente und bedient diese auch theoretisch. Denn Ethnie kann einerseits – als theoretischer Entwurf – Autorität sein (politische Komponente der Ethnizität), andererseits aber – als trotz ihrer fiktiven Fundierung freilich real in Erscheinung tretendes Kollektiv – auch zur gruppennarzistischen Identifikation, Verklärung und Verschmelzung dienen (soziale Komponente der Ethnizität). Und dabei füllt sie in

Fremdenhaß und Antisemitismus«, in: Christa Rohde-Dachser (Hg.): Beschädigungen. Psychoanalytische Zeitdiagnosen, Göttingen 1992, S. 139.
74 Clemenz 1998, S. 150.
75 Fromm 1936, S. 77ff.
76 Erich Fromm: Anatomie der menschlichen Destruktivität, in: Ders.: Gesamtausgabe, Bd. VII, München 1989, S. 182.

multidimensionaler Hinsicht auf gemeinschaftliche Weise die »emotionale Leere«,[77] die durch Aufhebung und Aufgabe menschlicher *Gesellschafts*formen entstanden ist. Ethnizität kann somit als eine normalisierte Fiktion begriffen werden, als die Erhebung von etwas Fiktiven zur Norm und damit zugleich in den Status des »Normalen«. Denn, wie der Psychoanalytiker Friedrich Hacker zutreffend betont hat: »In einer verrückten Welt erlangen verrückte Ansichten und Handlungen die Kraft des Normativen«.[78]

---

77 Eric J. Hobsbawm: Nationen und Nationalismus. Mythos und Realität seit 1780, München 1996, S. 59.
78 Hacker 1990, S. 48.

Völkische Grenzübertretungen

Die außenpolitischen Konzepte der deutschen Vertriebenenverbände in Kontinuität und Wandel

Es mag aus sozialwissenschaftlicher Perspektive verwundern, dass Interessenverbände, die in Reaktion auf ein inzwischen über 60 Jahre zurückliegendes Ereignis gegründet worden sind, noch immer gesellschaftliche und politische Relevanz entfalten. Denn die deutschen Vertriebenenverbände, von denen hier die Rede ist, könnten nach erfolgter Aufnahme und (sicher nicht immer reibungslos verlaufender) Integration der Flüchtlinge ins bundesdeutsche Wirtschafts- und Sozialgefüge Ende der 1950er-Jahre/Anfang der 1960er-Jahre ihre unmittelbare Bedeutung längst verloren und ihre Existenz aufgegeben haben.[1] Wären die Vertriebenenverbände tatsächlich nur mit dem Ansinnen gegründet worden, die sozialen und ökonomischen Belange der von Flucht, Vertreibung und Umsiedlung infolge des Nationalsozialismus und des Zweiten Weltkriegs betroffenen Menschen zu vertreten, träfe dies höchstwahrscheinlich zu. Von den ehemaligen deutschen Ostgebieten würden unter diesem Signet in Deutschland lediglich noch einige ältere Menschen berichten, wenn sie z.B. den Enkeln ihre Kindheitserlebnisse schildern. In naher Zukunft hätten diese Gebiete politisch und gesellschaftlich den gleichen Status, den sie als abgeschlossenes Kapitel der deutschen Geschichte historisch und juristisch längst haben.

Doch die Vertriebenenverbände, deren Gründung bereits wenige Wochen nach der bedingungslosen Kapitulation Deutschlands in der Illegalität – solche Organisationen hatten die Alliierten seinerzeit wegen der Gefahr des Wiederauflebens von Militarismus und Nationalismus verboten – begann, begriffen sich keinesfalls nur als innenpolitische Interessenverbände.[2] Bereits frühzeitig wurde konkurrierend zu integrativen Ansätzen das Modell des »landsmannschaftlichen Gedankens« entwickelt.[3] Dabei handelt es sich um ein Konzept, nach dem alle Flüchtlinge und Umsiedler nicht nur real in ihrer »neuen Heimat« leben sollten, sondern parallel dazu auch weiterhin ideell in ihrer »alten« – um dieser wieder eine reale deutsche Zukunft geben zu können.

---

1 Vgl. zur Aufnahme und Integration der Flüchtlinge: Eugen Lemberg/Friedrich Edding (Hg.): Die Vertriebenen in Westdeutschland, 3 Bände, Kiel 1959.
2 Vgl. Samuel Salzborn: Grenzenlose Heimat. Geschichte, Gegenwart und Zukunft der Vertriebenenverbände, Berlin 2000, S. 52ff.
3 Vgl. Göttinger Arbeitskreis (Hg.): Wesen und Bedeutung des landsmannschaftlichen Gedankens, München 1952.

Die Verwurzelung in der Landsmannschaft, die sich mit deutlich wahrnehmbarem territorialem Bezug artikulierte, sollte die Identität der bundesdeutschen Neubürger prägen.[4] Da es sich hierbei nicht nur um eine Erinnerung an vergangene Zeiten handeln sollte, sondern man vielmehr schnellstmöglich den früheren Zustand wieder herstellen wollte, wurde das Heimatkonzept der Vertriebenenverbände in eine außenpolitische Forderung gegossen, die für die osteuropäischen Nachbarstaaten als provokativ und aggressiv anmutende Drohung erscheinen musste – stellt(e) sie doch deren Existenz grundsätzlich in Frage: das »Recht auf die Heimat«.[5] Betont wurde und wird bis die Gegenwart der bestimmte Artikel »die«. Es geht also nicht darum, dass jeder Mensch das Recht auf Leben an dem Ort haben soll, wo er sich aufhält, sondern um die an eine konkrete Region gebundene kollektive »Heimat«, die im Fall der Vertriebenenverbände (wieder) die »Heimat« von Polen, Russen, Tschechen und anderen geworden ist. Unterstrichen wurde diese außenpolitische Stoßrichtung der völkischen Forderung nach einem »Recht auf die Heimat« noch dadurch, dass die Umsiedler ja bereits eine neue Heimat gefunden hatten: in der Bundesrepublik und teilweise auch in der DDR.[6] Da man sich mit dieser Ausgangslage nicht zufrieden geben wollte, halten die politischen Aktivitäten der Vertriebenenverbände bis heute an.

Sicher ist der Einfluss der Vertriebenenverbände in der Gegenwart geringer, als er es noch vor 30 oder 40 Jahren war – einer Zeit, in der sie innenpolitisch und wahlstrategisch einen entscheidenden Machtfaktor in der Bundesrepublik Deutschland darstellten.[7] Doch erheben die Vertriebenenverbände auch heute noch (außen)politische Ansprüche, wodurch sie immer wieder zum Gegenstand des öffentlichen Interesses und ihre Forderungen – so absurd diese manchmal auch scheinen mögen – ernst genommen und öffentlich diskutiert werden, wie die intensiven Kontroversen über

---

4   Vgl. Ingeborg Zeiträg: Die Selbstdarstellung der deutschen Vertriebenenverbände als Reflex ihrer gesellschaftlichen Situation (Diss.), Hamburg 1970, S. 38 ff.
5   Vgl. Samuel Salzborn: Heimatrecht und Volkstumskampf. Außenpolitische Konzepte der Vertriebenenverbände und ihre praktische Umsetzung. Mit einem Vorwort von Wolfgang Kreutzberger, Hannover 2001.
6   Vgl. Dierk Hoffmann/Michael Schwartz (Hg.): Geglückte Integration?, Spezifika und Vergleichbarkeiten der Vertriebenen-Eingliederung in der SBZ/DDR, München 1999; Dierk Hoffmann/Marita Krauss/Michael Schwartz (Hg.): Vertriebene in Deutschland. Interdisziplinäre Ergebnisse und Forschungsperspektiven, München 2000.
7   Vgl. Manfred Max Wambach: Verbändestaat und Parteienoligopol. Macht und Ohnmacht der Vertriebenenverbände, Stuttgart 1971; Hans-Josef Brües: Artikulation und Repräsentation politischer Verbandsinteressen, dargestellt am Beispiel der Vertriebenenorganisationen (Diss.), Köln 1972; Michael Imhof: Die Vertriebenenverbände in der Bundesrepublik Deutschland. Geschichte, Organisation und gesellschaftliche Bedeutung (Diss.), Marburg 1975.

die historische Bedeutung und politische Relevanz der Beneš-Dekrete im Rahmen des EU-Integrationsprozesses im Frühjahr und Sommer des Jahres 2002 zeigten.

Außenpolitik im Wandel

Unabhängig von den konkreten Themen, die von den Vertriebenenverbänden zum Gegenstand ihrer Forderungen gemacht werden, haben alle öffentlichen Verlautbarungen der Vertriebenenverbände in der Gegenwart eine klare außenpolitische Stoßrichtung. Dies trifft gleichermaßen auf die Forderung nach Aufhebung der Beneš-Dekrete zu, wie auf die nach Errichtung eines »Zentrums gegen Vertreibungen« oder auch auf die, im europäischen Rahmen völkerrechtlich ein »Recht auf die Heimat« oder ein gesondertes europäisches Volksgruppenrecht zu verankern. In allen Fällen richten sich die Forderungen der Vertriebenenverbände gegen die Interessen zahlreicher europäischer Nachbarstaaten der Bundesrepublik und sind zweifelsfrei außenpolitisch konnotiert. Die Entwicklung dieser außenpolitischen Konzepte der Vertriebenenverbände soll im folgenden in Kontinuität und Wandel beschrieben werden, wobei gezeigt werden soll, welchen politischen Kern die Forderungen der Vertriebenenverbände in der Gegenwart haben und wie diese entstanden sind.

Bis zur osteuropäischen Transformation 1989/90 wirkten die Forderungen und Thesen der Vertriebenenverbände wie eine Ideologie, deren unüberwindbare Barriere die militärische und politische Systemkonfrontation gewesen ist.[8] Die in Folge der Potsdamer Konferenz hergestellte Teilung des ehemaligen Deutschen Reiches nach Rückgabe der während des Nationalsozialismus eroberten sowie Abtretung einiger anderer Gebiete,[9] die sich daran anschließende Blockkonfrontation zwischen den westlichen und der sowjetischen Besatzungszone sowie das Entstehen zweier deutscher Staaten waren historische Ausgangspunkte für die praktische Begrenztheit der Realisierbarkeit der Forderung der Vertriebenenverbände nach einem »Recht auf die Heimat«.[10] Bestärkt wurde diese Entwicklung durch die Entstehung der militärischen Bündnisse NATO (1949) und Warschauer Pakt (1955), durch die die Systemgrenze in ihrer damaligen Unüberwindbarkeit weiter verfestigt wurde.[11] Die Realisierbarkeit der For-

---

8   Vgl. Joachim Reimann: »Wir missionieren bis an die Memel«. Die Vertriebenenverbände, in: Siegfried Kogelfranz (Hg.): Die Vertriebenen, Reinbek 1985, S. 74ff.
9   Vgl. Mitteilung über die Berliner Konferenz der drei Mächte, in: Sch. P. Sanakojew/B. L. Zybulewski (Hg.): Teheran – Jalta – Potsdam. Dokumentensammlung, Moskau 1978, S. 412ff.
10 Vgl. Hermann Glaser: Deutsche Kultur. Ein historischer Überblick von 1945 bis zur Gegenwart, Bonn 1997; Manfred Görtemaker: Geschichte der Bundesrepublik Deutschland. Von der Gründung bis zur Gegenwart, München 1999.
11 Vgl. Georg Fülberth: Berlin – Bonn – Berlin. Deutsche Geschichte seit 1945, Köln 1999.

derung der Vertriebenenverbände nach einem »Recht auf die Heimat« war praktisch begrenzt. Somit konnten die Vertriebenenverbände in den Jahren vor 1989/90 ihren Einfluss im Wesentlichen nur innenpolitisch als Interessengruppe in der Bundesrepublik Deutschland geltend machen.[12] Außenpolitisch war eigenständiges Handeln für sie kaum denkbar.

Die Vertriebenenorganisationen hatten von Beginn an eine außenpolitische Ausrichtung. Jedoch waren sie in den ersten Jahren nach der militärischen Niederschlagung des Nationalsozialismus durch die Alliierten eher um innenpolitische Konsolidierung der eigenen Strukturen und finanzielle Alimentierung durch die Bundesrepublik Deutschland bemüht. Die zu diesem Zweck existierenden Verbände mit explizit ökonomischer und sozialpolitischer Schwerpunktsetzung verloren jedoch im Kontext der Aufnahme und Integration der Flüchtlinge bis Mitte/Ende der 1950er Jahre zusehends an gesellschaftlicher und vor allem politischer Bedeutung.[13] Die Landsmannschaften, im Vertriebenenverständnis eine »herkunftsbezogene« und »heimatpolitische« Organisationsform,[14] begannen einhergehend mit der abschließenden Integration der Umsiedler in das bundesdeutsche Wirtschafts- und Sozialgefüge, mit ihrer explizit außenpolitischen Zielrichtung die Konzepte und Leitlinien der Vertriebenenverbände zu dominieren: Die desintegrative Forderung nach einem »Recht auf die Heimat« gewann an Bedeutung.[15]

Die außenpolitische Ausrichtung der Vertriebenenverbände orientierte sich in den 1950er/1960er Jahren analog zur bundesdeutschen Regierungspolitik an den Fragen der erstrebten Überwindung der Teilung von Bundesrepublik Deutschland und Deutscher Demokratischer Republik.[16] Sie war somit zunächst deutschlandpolitischer Prägung, da jede Debatte um die »Wiederherstellung« eines »Gesamtdeutschlands« vor dem Hintergrund der Ost-West-Konfrontation stattfand und geografisch wie politisch an der Grenze zur DDR begann – und nicht an der zu Polen oder der zur Tschechoslowakei. Diesen normativen Zwängen der Realpolitik ordnete sich auch die Vertriebenenverbände unter: So resümierte der seinerzeitige Vertriebenenpräsident Hans Krüger in einem Referat Anfang 1963, dass er die »politische Integration Europas als notwendig« ansehe, »weil nur dadurch erreicht werden kann, dass die

---

12 Vgl. Brües 1972.
13 Vgl. Wambach 1971, S. 41ff.
14 Vgl. Bund der Vertriebenen (Hg.): Handbuch, 3. überarbeitete Auflage, Bonn 1996, S. 17 u. 25.
15 Vgl. Imhof 1975, S. 123ff.
16 Vgl. Salzborn 2000, S. 66ff.

auseinander gerissenen Teile Deutschlands wieder zueinander kommen«.[17] Und in der *Berliner Entschließung* von 1965 erklären die »frei gewählten Vertreter aller deutschen Stämme«, dass »Mitteldeutschland – die sowjetisch besetzte Zone – [...] untrennbar zum einigen Deutschland« gehöre und dass Partner eines »gerechten Friedensvertrages« nur »das ungeteilte Deutschland« sein könne. Ein solcher Friedensvertrag müsse die »Anerkennung des Rechtes auf die Heimat auf der Grundlage des Selbstbestimmungsrechtes – selbstverständlich für alle Deutschen – enthalten«.[18] Der in der immer wieder von Vertriebenenseite zitierten *Charta der deutschen Heimatvertriebenen* angesprochene Europa-Gedanke spielte politisch bestenfalls eine beigeordnete Rolle,[19] war die Ausrichtung der Vertriebenenverbände zu dieser Zeit doch eben so wenig wie die der Bundespolitik an einer »europäischen Lösung« der »deutschen Frage« interessiert. Die retrospektiv zwar immer wieder von den Vertriebenenverbänden als bedeutsam proklamierte europäische Ausrichtung ihrer Politik war somit zunächst rein taktischer Natur und blieb dies in den Grundzügen auch bis zum Aufweichen der Hallstein-Doktrin und dem Beginn der Neuen Ostpolitik Ende der 1960er Jahre.

Die Neue Ostpolitik stellte dann den eigentlichen Anlass zur – wie es zeitgenössisch hieß – »Aktivierung« der Europapolitik der Vertriebenenverbände dar.[20] Denn der europäische Kontext eröffnete für die völkischen Europakonzepte der Vertriebenenverbände neue Perspektiven, da der engstirnige und egoistische deutschlandpolitische Rahmen mehr zu Isolation, denn zur Umsetzung eigener Ziele beigetragen hatte. Es folgte die Einbettung der eigenen Forderungen in den scheinbar unverfänglichen Kontext Europa. Hierzu gehörte die über zwei Jahrzehnte betriebene Systematisierung der für einen europäisch ausgerichteten Ansatz der Vertriebenenverbände nötigen völkischen Grundlagen: Zum Vehikel für eine Durchsetzung der Interessen der Vertriebenenverbände im Ausland wurde ein »modernes Volksgruppenrecht als Baustein für ein Vereintes Europa«, wie es Theodor Veiter in einem Referat vor dem Witikobund, einer der drei Gesinnungsgemeinschaften innerhalb der Sudetendeutschen Landsmannschaft, einmal ausgedrückt hat.[21] Denn gerade wenn es zu einem »mehr

---

17 Hans Krüger: Europäische Integration – Hoffnung für Deutschland?, S. 14, Bundesarchiv Koblenz, Bestand B 234 Nr. 22.
18 Erklärung des Bundes der Vertriebenen, zitiert nach: Ne.: Ruf aus der Hauptstadt, in: Deutscher Ostdienst, Heft 36-37/1965, S. 6.
19 Vgl. Holger Kuhr: »Geist, Volkstum und Heimatrecht« – 50 Jahre »Charta der deutschen Heimatvertriebenen« und die eth(n)isch orientierte deutsche Außenpolitik, Hamburg 2000.
20 Vgl. o.V.: Ja zu Europa! Der Bund der Vertriebenen aktiviert seine Europapolitik, in: Deutscher Ostdienst, Heft 40/1969, S. 5.
21 Vgl. Theodor Veiter: Das Volksgruppenrecht als elementarer Baustein für ein vereinigtes Europa, München 1967, S. 15.

oder weniger Vereinten Europa« komme, so Veiter an anderer Stelle, sei »besonders die große Gefahr zu beleuchten, die sich aus dem supranationalen Gedanken« ergebe. Einem »'Europa der Vaterländer' (= Europa der Staaten)« müsse »das ethnische Europa gegenüber gestellt und zur Seite gestellt« werden, da sonst »in einem solchen supranationalen Europa auch das Eintreten für die angestammte Heimat und das Leben in der angestammten Heimat und das Recht auf diese« zu »blassen Schemen« werden würde.[22]

Dieses Volksgruppenrecht steht in der politischen Tradition der geheimen Nebenaußenpolitik der Weimarer Republik und des frühen Nationalsozialismus. Bereits 1942 hatte der in die USA emigrierte Politikwissenschaftler Franz Neumann in seinem berühmten Buch *Behemoth* dieses von Deutschland auf seinen europäischen Hegemonialraum ausstrahlende Volksgruppen- und Selbstbestimmungsrecht analysiert und »als eine Waffe« bestimmt, die von der deutschen Politik seinerzeit eingesetzt wurde: »Man nutze jede aus dem Minderheitenproblem erwachsende Spannung. Man schüre nationale und rassische Konflikte, wo man kann. Jeder Konflikt wird Deutschland, dem neuen selbst ernannten weltweiten Hüter der Ehre, Freiheit und Gleichberechtigung, in die Hände spielen.«[23] Trotz der geänderten politischen Vorzeichen (und damit einer hiervon grundsätzlich verschiedenen offiziellen bundesdeutschen Politik) wollen die Vertriebenenverbände sich heute unter den gleichen moralischen Prämissen das völkerrechtliche Selbstbestimmungsrecht der Nationen vermittels einer Volksgruppenideologie zunutze machen und in ihrem Sinne zu einem europäischen Recht auf separatistische Sezession umbiegen.

Damit ist das Ziel dieses Vertriebenenkonzepts die völkischen Segmentierung nicht nur, aber zuförderst der osteuropäischen Nationalstaaten. Die Forderung nach einem europäischen Volksgruppenrecht sieht die Zerstückelung der europäischen Nationalstaaten nach ethnischen Kriterien vor, wobei die einzelnen Volksgruppen isoliert und in strikter ethnischer Separierung voneinander leben sollen. Der Historiker Karl Heinz Roth sprach in Bezug auf diese Forderung zutreffend davon, dass damit Europa in einen »Volksgruppenzoo« verwandelt würde – also in ein starres, ethnisches Gefüge, dass menschliche und gesellschaftliche Interaktion wie auch demokratische Partizipation unmöglich machen würde.[24]

---

22 Vgl. Theodor Veiter: Arbeitsgruppe »Volksgruppenrecht«: Themenaufbau, S. 4 f., Bundesarchiv Koblenz, Bestand B 234, Nr. 90-5340.
23 Franz Neumann: Behemoth. Struktur und Praxis des Nationalsozialismus 1933–1944, Frankfurt am Main 1984 (Erstauflage: 1942), S. 185.
24 Vgl. Karl Heinz Roth: Der Volksgruppenzoo, in: konkret, Heft 7/1999, S. 20ff.

Die Entwicklung seit 1989/90

Bedeutsam ist in diesem Zusammenhang, dass die Möglichkeit zur Einflussnahme auf osteuropäische Staaten für die Vertriebenenverbände seit der osteuropäischen Transformation 1989/90 gestiegen ist. Die Entwicklung der Bundesrepublik zur mehr oder minder unumstrittenen europäischen Hegemonialmacht infolge der machtpolitischen Vergrößerung des Staatsterritoriums durch die Vereinigung der alten BRD mit der DDR begünstigte die Ausgangslage der Vertriebenenverbände zunächst ohne eigenes Zutun passiv und indirekt: »Objektiv gesehen ist Deutschland die Zentralmacht Europas – geographisch zentral positioniert, an Wirtschaftskraft und Bevölkerungszahl erheblich gewichtiger als Großbritannien, Frankreich, Italien oder Spanien.«[25]
Diese Veränderung gibt den machtpolitischen Hintergrund für das Agieren der Vertriebenenverbände ab. Ihre außenpolitische Abstinenz wurde durch die potenzielle Befähigung zu autonomen Handeln auf nichtdeutschem Staatsterritorium ersetzt. Vor Ende der Systemkonfrontation mussten die Vertriebenenverbände in der Hoffnung auf Realisierung des von ihnen eingeforderten »Rechtes auf die Heimat« stets auf die Politik der deutschen Bundesregierung als sie vertretenden Anwalt setzen. Nun entstand durch die Transformation des osteuropäischen Politik-, Rechts- und Wirtschaftssystems die Chance auf eine aktive Außenpolitik, die zwar noch auf den diplomatischen Schutz durch die Bundesrepublik angewiesen ist, jedoch nicht mehr zwanghaft auf ihre konkrete außenpolitische Aktivität im Vertriebenensinne in den betreffenden Staaten. Dieser Prozess der »Europäisierung aller Lebenssachverhalte«[26] eröffnete den Vertriebenenverbänden somit historisch erstmals die Möglichkeit zur aktiven Realisierung ihres stets eingeforderten »Rechtes auf die Heimat«. Die osteuropäische Transformation von 1989/90 konfrontierte die Vertriebenenverbände somit mit einer grundlegend geänderten außenpolitischen Situation. Nachdem sich ihre außenpolitische Arbeit zur Realisierung eines »Rechtes auf die Heimat« Jahrzehnte lang auf den theoretischen Bereich beschränkt hatte, bestand nun erstmals die Möglichkeit zur aktiven Außenpolitik gegenüber Osteuropa.
Im Rahmen der Diskussionen um die deutsche Einheit und die Anerkennung der polnischen Westgrenze Anfang der 1990er Jahre kamen in den Vertriebenenverbänden verschiedene außenpolitische Optionen zum Tragen. Aufgrund der realpolitischen Entwicklungen setzte sich letztlich die völkisch-kulturelle gegen die staatlich-terri-

---

25 Hans-Peter Schwarz: Die Zentralmacht Europas auf Kontinuitätskurs, in: Internationale Politik, Heft 11/1999, S. 1.
26 Werner Weidenfeld/Karl-Rudolf Korte: Die pragmatischen Deutschen. Zum Staats- und Nationalbewußtsein in Deutschland, in: Aus Politik und Zeitgeschichte, Heft 32/1991, S. 12.

toriale durch.²⁷ Im Verhältnis zu der Zeit vor 1989/90 zeigte sich unabhängig dieser partiellen Differenzen eine Kontinuität in der Präferierung von außenpolitischen Modellen zur Realisierung eines »Rechtes auf die Heimat« vermittels eines europäischen Volksgruppenrechts.²⁸ Die außenpolitischen Erwägungen der Vertriebenenverbände sind dabei in Abgrenzung zu einem nicht-völkischen Nationsverständnis ausgerichtet; die mit der Aufklärung verbundenen politischen und gesellschaftlichen Errungenschaften werden zugunsten eines völkischen Nationalismus abgelehnt.²⁹ Dieser völkische Nationalismus kehrt sich außenpolitisch in einen völkischen Partikularismus, der auf die ethnische Parzellierung der osteuropäischen Nationalstaaten orientiert. Zu diesem Zweck erstreben die Vertriebenenverbände eine umfassende Kooperation mit den deutschen Volkstumsverbänden in Osteuropa.

Der Beginn einer intensiven Zusammenarbeit von Vertriebenenverbänden und deutschen Volkstumsverbänden in Osteuropa fällt zeitlich mit der völkerrechtlich verbindlichen Bestätigung der Oder-Neiße-Grenze und den verschiedenen Nachbarschaftsverträgen der Bundesrepublik mit den osteuropäischen Staaten zusammen.³⁰ Der wichtigste Grund für diese Kooperation zwischen Vertriebenen- und deutschen Volkstumsverbänden ist bevölkerungspolitischer Natur. Denn die einstige Massenbasis der Vertriebenenverbände in der Bundesrepublik wird heute als bevölkerungspolitische Komponente im Ausland benötigt, die politische Fakten auf substaatlichvölkischer Ebene schaffen soll.³¹ Die Menschen, die nicht (als Aussiedler) in die Bundesrepublik kommen, sondern (als Angehörige »deutscher Volksgruppen«) innerhalb von nichtdeutschen Staaten umsiedeln oder schlicht dort bleiben, fungieren als Basis zur praktischen Umsetzung des von den Vertriebenenverbänden geforderten »Rechtes auf die Heimat«. Denn die große Mehrheit der älteren Vertriebenenaktivisten in der Bundesrepublik ist infolge der innenpolitischen Integration nachhaltig im Wirtschafts- und Sozialgefüge der Bundesrepublik verankert, so dass für sie zumeist handfeste Gründe gegen eine Rückkehr in ihre ehemalige Heimat sprechen. Die deutschen Volkstumsverbände in Osteuropa stellen somit das bevölkerungs- und regionalpolitische Element für die Vertriebenenkonzepte dar.

27 Vgl. Salzborn 2001, S. 65ff.
28 Vgl. ebd., S. 117ff.
29 Vgl. zum völkischen Nationalismus: Helmut Kellershohn: Das Projekt Junge Freiheit. Eine Einführung, in: Helmut Kellershohn (Hg.): Das Plagiat. Der Völkische Nationalismus der »Jungen Freiheit«, Duisburg 1994, S. 24ff.
30 Vgl. Salzborn 2001, S. 221ff.
31 Vgl. Gerd Alt/Samuel Salzborn: Schaffung deutschen »Volkstums«, in: Der Rechte Rand, Heft 54/1998, S. 16f.

So hat die Erkenntnis, dass es zwischen der Bundesrepublik Deutschland und ihren osteuropäsichen Nachbarn keine »Grenzfrage« mehr gibt, bei den Vertriebenenverbänden im Laufe der letzten Jahre zur Herausbildung einer subtilen Strategie geführt – auf subofizieller Ebene betreibt man eine konkrete, praktische Politik für die Erreichung des erstrebten Ziels: der völkischen Parzellierung osteuropäischer Nationalstaaten bei Nutzung der »Chance der offenen Grenzen im freien Europa«, wie es in einer Entschließung der Landsmannschaft Schlesien heißt.[32]

In Konkurrenz zu dem zumeist mit dem Etikett »revanchistisch« versehenen gebietsrevisionistischen Konzept entwickelte sich damit ein verstärkt auf völkisch Momente ausgerichtetes Modell. Erst genanntes orientierte auf eine staatlich-territoriale Eingliederung der ehemaligen deutschen Ostgebiete in den bundesdeutschen Staatsverband, während letzt genanntes auf eine völkisch-kulturelle Durchdringung der osteuropäischen Nationalstaaten setzt. Im Zuge der osteuropäischen Transformation 1989/90 haben sich die völkischen Konzepte innerhalb der Vertriebenenverbänden durchgesetzt. Seither wird die umfassende Realisierung von europäisch gesicherten Volksgruppenrechten für deutsche Minderheiten in Osteuropa erstrebt.

Denn es war deutlich geworden, dass eine Politik der unmittelbaren Gebietsrevision erfolglos wie auch unmöglich sein würde. So hat sich auch der Kern der Politik der Vertriebenenverbände im Vergleich zu historischen Expansionspraktiken grundlegend geändert. Nicht mehr die Erringung territorial-staatlicher Macht steht im Zentrum der politischen Bestrebungen, sondern ökonomischen und kulturellen Einfluss zu schaffen, bestimmt die Politikkonzepte. So erstrebt der BdV eine ethnische Parzellierung Europas und nutzt dabei für sich die kontinuierliche Erweiterung der bundesdeutschen Einflussnahme auf dem Kontinent, beispielsweise durch Angleichung des Rechtssystems, EU-Freizügigkeit und ökonomische Investitionsfreiheiten. Zu den erstrebten Zielen gehört aber andererseits wiederum auch die Anerkennung von historisch-kulturellen Leistungen der Deutschen sowie ihres »Rechtes auf die Heimat«. Und für die als »Heimatverbliebene« definierten Personen, also die deutschen Minderheiten außerhalb der Bundesrepublik, ferner auch die Gewährung des Rechtes zum Knüpfen freier Beziehungen zum Ausland als eigenständige Volksgruppe, die Förderung von Sprache und Kultur sowie die Repräsentanz im Parlament in den jeweiligen nichtdeutschen Staaten. Grundlage der von den Vertriebenenverbänden erstrebten ethnischen Parzellierung ist das Konzept eines völkischen Partikularismus. Dieser völkische Partikularismus greift auf eine über Jahrhunderte hinweg konstruierte, partikularistisch orientierte (sudetendeutsch, schlesisch, ostpreußisch usw.)

---

32 Vgl. Landsmannschaft Schlesien: Zehn Sätze zu Schlesien, Pressemitteilung vom 3. Mai 1995, S. 1.

Geschichte und daraus abgeleitete Gesinnung als Grundlage zurück. Volk und Territorium gehören dabei unmittelbar zusammen. Dieser Partikularismus geht erstens davon aus, dass es Volksgruppen gibt, die völkisch oder kulturell bestimmt über eine gemeinsame Identität verfügen; die zweitens in einer jahrhundertelangen und damit als natürlich und unabänderbar betrachteten Tradition und Geschichte stehen; die drittens schützens- oder wiederbelebenswert sind und viertens in der Ausübung ihres so verstandenen Rechtes auf Selbstbestimmung behindert werden.

Theoretisch wird somit unter dem Begriff der Volksgruppe eine völkische Gemeinschaft verstanden, die zahlenmäßig kleiner ist als die übrige Bevölkerung desjenigen Staates, auf dessen Territorium sie lebt, und deren Angehörige sich durch völkische, sprachliche oder kulturelle Merkmale von den übrigen Staatsbürgern unterscheiden, die jedoch (auch) über die Staatsangehörigkeit des Staates verfügen, in dem sie leben.[33] Der Versuch, das Volksgruppenrecht wie von den Vertriebenenverbänden gefordert als Bestandteil des Völkerrechts zu etablieren, stellt sich damit als Einfallstor der Irrationalität in die völkerrechtliche Jurisprudenz dar. Denn gängige Rechtssubjekte des Völkerrechtes sind im wesentlichen Staaten, Staatenverbindungen, internationale und supranationale Organisationen oder bisweilen auch, sofern nicht durch den Staat mediatisiert, Individuen, die alle jeweils eindeutig auf der Grundlage rationaler Kriterien klassifizierbar und voneinander abgrenzbar sind. Die Forderung eines Rechtes für Volksgruppen will hingegen subalterne Kollektive zu Völkerrechtssubjekten erheben, die völkisch und damit irrational definiert werden.[34]
Die Ideologie der Vertriebenenverbände basiert somit auf der Annahme der Ungleichheit der Menschen.[35] Diese wird zumeist unter Rückgriff auf kulturalistische bzw. ethnopluralistische Konzepte zu begründen versucht, wobei völkisch definierten Kollektiven die den Menschen prägenden Kräfte zugeschrieben werden. Unter Bezugnahme auf den Herderschen Volksbegriff wird das Gleichheitspostulat der Französischen Revolution abgelehnt. Innenpolitisch artikuliert sich diese Gesellschaftsvorstellung als völkischer Nationalismus, dem ethnisch fundierte Exklusionsvorstellungen zu Grunde liegen. Außenpolitisch kehrt sich dieses Konzept wie beschrieben in einen völkischen Partikularismus, dessen Ziel die Parzellierung osteuropäischer National-

---

33 Vgl. Theodor Veiter (Hg.): System eines internationalen Volksgruppenrechts, 1. Teil: Grundlagen und Begriffe, Wien/Stuttgart 1970; 2. Teil: Innerstaatliche, regionale und universelle Struktur eines Volksgruppenrechts, 1972; 3. Teil: Sonderprobleme des Schutzes von Volksgruppen und Sprachminderheiten, 1978.
34 Vgl. hierzu: Samuel Salzborn: Individuelle und kollektive Minderheitenrechte im Widerstreit, in: Osteuropa. Zeitschrift für Gegenwartsfragen des Ostens, Heft 5/2002, S. 606ff.
35 Vgl. zur Ideologie der Vertriebenenverbände ausführlich: Salzborn 2000, S. 131ff.

staaten in völkisch definierte, regional strukturierte subnationale Einheiten darstellt: »Wenn jetzt, in einer Zeit des Umbruchs und des Wandels in Osteuropa, nicht die Möglichkeit zu einer weitreichenden deutschen Volksgruppenpolitik und Förderung damit verbundener Autonomiebestrebungen ergriffen wird, kann damit die letzte Chance vertan sein. Wenn das Wort vom ‚Europa der Regionen' nicht nur inhaltsleere Hülse sein soll, dann wäre es an der Zeit, dass die Bundesrepublik endlich konkrete Schritte in die angedeutete Richtung unternimmt. Dazu bedarf es als ersten Schritt einer ‚Südtirolisierung' der alten ostdeutschen Siedlungsgebiete«, schrieb Heinz-Siegfried Strelow Ende 1992 im *Ostpreußenblatt*, dem Organ der Landsmannschaft Ostpreußen. Die »starren Grenzen« seien, so Strelow, »ins Schwimmen« geraten, weshalb nicht mehr von »endgültigen Grenzen« gesprochen werden könne. Es gehe nicht um eine »‚Heim-ins-Reich'-Politik«, die »weder machbar« sei, noch von »diplomatischem Gespür« zeuge, sondern um »die Tatsache«, dass »überall das ethnische, das nationale Prinzip wieder einen zentralen Platz in der Politik und im Empfinden der Menschen« einnehme. Strelow fragt rhetorisch, ob »nicht eine autonome, mit weitreichenden Selbstverwaltungsmöglichkeiten der Deutschen ausgestattete Region Oberschlesien oder Masuren der zwischenzeitlich beste Garant« für eine wirtschaftliche und ökologische Aufwärtsentwicklung wäre: »Und ließe sich nicht im Rahmen einer solchen Föderalisierung Polens das sensible Thema des Heimatrechts der Vertriebenen am ehesten realisieren?«[36]

Ähnliche Modelle sollen nach Vorstellung der Vertriebenenverbände auch in anderen osteuropäischen Staaten angewandt werden, wobei die Republik Polen und die Tschechische Republik diejenigen Staaten sind, gegenüber denen die Begehrlichkeiten mit Abstand am deutlichsten artikuliert werden. Zur strategischen Ausrichtung der Volksgruppenpolitik war bereits Anfang der 1990er Jahre im internen Mitteilungsblatt des Witikobundes zu lesen gewesen, dass die Vertriebenen sich für die »Interessen unserer in den Oder-Neiße-Gebieten und im Sudetenland verbliebenen Landsleute« einsetzen sollten und dabei »insbesondere ein Volksgruppenrecht fordern, das den dortigen Deutschen in ihrer Gesamtheit deutsch zu bleiben ermöglicht und das Autonomieregelungen für solche Gebiete vorsieht, wo sie einen wesentlich mitbestimmenden Faktor darstellen wie etwa in Oberschlesien. Auch sollten Sie öffentlich dafür eintreten, dass die Russland- und Kasachstan-Deutschen nicht hinter der Wolga, sondern in Nordostpreußen ihre künftige Heimat bekommen.« Die Vertriebenen sollten trotz »aller Hoffnungslosigkeit im Augenblick« die »europäische Karte« im Auge behalten: »Je stärker sich Europa in Zukunft politisch integriert, desto stärker werden als

---

36 Heinz-Siegfried Strelow: Regionalismus als eine neue Zwischenstufe?, in: Das Ostpreußenblatt, Folge 39/1992.

Ausgleich zum zentralen Regiment die Regionalisierungstendenzen.« In Konsequenz würde sich »mehr und mehr« das Bewusstsein bilden, dass es »bestimmte Volksgruppen gibt, die sich vom jeweiligen Mehrheitsvolk« unterscheiden. Das »Problem deutscher Volksgruppen wird dann nicht mehr nur ein spezifisches Problem des deutschen Staates und deutscher Menschen sein, sondern ein europäisches, dem Sie sich zusammen mit europäischen Partnern – mit Basken, Bretonen, Sarden, Aostanern, Szeklern usw. – widmen können. Noch ist das Zukunftsmusik, da traditionell gleichgeschaltete (sic!) Zentralstaaten wie Frankreich hierin einen Sprengsatz zum Nachteil ihres bisherigen Nationalverständnisses sehen. Aber auf die Dauer gesehen ist hier wirklich etwas drin.«[37]

Resümee

Für die Genese der außenpolitischen Konzepte der Vertriebenenverbände, insbesondere unter Berücksichtigung der Zäsur 1989/90, muss somit von folgenden Grundannahmen ausgegangen werden: Zunächst ist festzustellen, dass nach dem Übergang der politischen Struktur der Vertriebenenverbände von einem innenpolitisch orientierten Interessenverband zu einer außenpolitischen Pressure-group eine Differenzierung der Konzepte zur Realisierung eines »Rechtes auf die Heimat« stattfand.
Als politisches Konzept zur Umsetzung der außenpolitischen Forderungen fungiert seither das Modell eines europäischen Volksgruppenrechts, mit dem die staatliche Souveränität der osteuropäischen Nationalstaaten unterminiert und destabilisiert werden soll. Das Konzept der Grenzrevision wurde ad acta gelegt. Seitdem neben einer theoretischen Positionsbestimmung für die Vertriebenenverbände auch die reale praktische Intervention in Eigenverantwortung möglich ist, hat sich eine enge Kooperation mit den deutschen Volkstumsverbänden in Osteuropa herausgebildet. Die Angehörigen der »deutschen Volksgruppen« in Osteuropa sollen dabei die bevölkerungspolitische Basis für die Vertriebenenkonzepte zur Verfügung stellen.

---

37 Hans Merkel: Deutschland oder Europa?, in: WitikoBrief, Folge 6/1992.

Geschichtspolitik in den Medien

Die Kontroverse über ein »Zentrum gegen Vertreibungen«[1]

Seit mehreren Monaten wird in der Bundesrepublik intensiv darüber gestritten, ob es ein »Zentrum gegen Vertreibungen« geben soll, und wenn ja, an welchem Ort. Nachdem der Bund der Vertriebenen (BdV) als Initiator eines solchen Projekts in der Vergangenheit schon mehrfach versucht hatte, seine Pläne nachhaltig auf die politische Agenda zu setzen, ist nun seit kurzem ein heftiger Streit über das geplante »Zentrum« entstanden, in dem sich neben deutschen Wissenschaftlerinnen und Wissenschaftlern sowie Politikerinnen und Politikern auch Stimmen aus dem europäischen Ausland zu Wort gemeldet haben. Dass diese vor allem aus Polen und der Tschechischen Republik zu vernehmen sind, ist evident und liegt im historischen und politischen Kontext begründet.

Deutschland habe wieder eine große geschichtspolitische Debatte, resümierte die *Berliner Zeitung* (27. 8. 2003) die bisherige Kontroverse. Die mittlerweile zu attestierende öffentliche und mediale Präsenz der – bei weitem oft alles andere als sachlich geführten – Debatte über ein mögliches Vertreibungszentrum belegt diese These insofern, als die Diskussionen über ein solches Projekt und dessen mögliche Ausrichtung erneut die Frage des öffentlichen Umgangs mit der NS-Vergangenheit und auch mit deren Nachgeschichte ins Blickfeld geschichtspolitischer Analysen rückten. Überdies lassen sich Anzeichen vernehmen, dass bei dem Streit die faktenorientierte Diskussion bestenfalls von sekundärer Bedeutung ist, während die Durchsetzung der politischen Interessen der Vertriebenenverbände auf der einen und die Verhinderung eines potenziellen geschichtspolitischen *rollback* auf der anderen Seite den eigentlichen Kern auszumachen scheinen.

In dem Streit, schrieb kürzlich die *Frankfurter Allgemeine Zeitung* (8. 9. 2003) in Bezug auf die konträren Positionen in der Bundesrepublik, »stehen sich der Bund der Vertriebenen und seine Vorsitzende Steinbach (CDU), die gemeinsam mit Peter Glotz (SPD) und unterstützt von zwei Dutzend Personen des öffentlichen Lebens die Idee des Zentrums in Berlin vorantreibt, und eine Riege von Kritikern gegenüber, zu denen auch Bundeskanzler Schröder (SPD), Bundesaußenminister Fischer (Grüne)

---

[1] Leicht überarbeitete und ergänzte Fassung eines vor dem Arbeitskreis »Geschichte und Politik« der Deutschen Vereinigung für Politische Wissenschaft (DVPW) im Rahmen des Politologentages (22. DVPW-Kongress) vom 22.-25. September 2003 an der Universität Mainz gehaltenen Vortrags. Das Manuskript wurde Anfang Oktober 2003 abgeschlossen.

und große Teile der politischen Linken gehören«. Auch wenn die *FAZ* die unterschiedlichen Positionen zu stark generalisiert und nicht von zwei, sondern von drei konträren Ansätzen gesprochen werden muss, deutet die Einmischung von politisch hochrangigen Repräsentanten der Bundespolitik bereits darauf hin, dass es sich um eine geschichtspolitische Kontroverse handelt, die nicht nur öffentlich geführt wird, sondern deren Entwicklung auch von erheblichem politischen Interesse ist.

Im Folgenden soll zunächst die Vorgeschichte der diesjährigen Sommerdebatte über ein »Zentrum gegen Vertreibungen« kurz zusammengefasst werden, um eine Einordnung der aktuellen Debatten zu ermöglichen. Daran anschließend sollen die unterschiedlichen Positionen in dem aktuellen Streit dargestellt, ihre geschichtspolitischen Perspektiven umrissen und ihre wesentlichen Akteurinnen und Akteure benannt werden. Da die Diskussion zwischen den Befürwortern eines auf die deutschen Vertriebenen fokussierten »Zentrums gegen Vertreibungen«, den Fürsprechern eines europäisch ausgerichteten Vertreibungszentrums und grundsätzlichen Gegnern des Projekts bisher fast ausschließlich in den Medien geführt wurde, soll somit anhand der aktuellen Kontroverse um ein solches »Zentrum« exemplarisch versucht werden, sich dem Themenfeld »Geschichtspolitik in den Medien« zu nähern.

Die Vorgeschichte der Debatte

Der BdV machte seine Pläne zur Errichtung eines »Zentrums gegen Vertreibungen« erstmals Mitte 1999 öffentlich – beim »Tag der deutschen Heimatvertriebenen« in Berlin, der Festveranstaltung der Vertriebenenverbände anlässlich des fünfzigjährigen Bestehens der Bundesrepublik (der nicht zu verwechseln ist mit den jährlichen »Tagen der Heimat«). Der Termin war medienwirksam gewählt, da zu den Rednern dieser Veranstaltung mit Bundesinnenminister Otto Schily (SPD) erstmalig ein Repräsentant der im Jahr zuvor mit der Regierungsverantwortung betrauten rot-grünen Koalition gehörte. Schily formulierte in seiner Rede eine deutliche Kritik an der deutschen Linken und ihrem Verhältnis zu den Vertriebenen. Zudem unterstützte er bei dieser Gelegenheit auch ausdrücklich den Vorschlag, in Berlin ein »Zentrum gegen Vertreibungen« als »Stiftung der deutschen Heimatvertriebenen« zu errichten.[2]

Auf diese erste öffentliche Ankündigung des Zentrumsprojekts folgte eine längere Pause. Erst ein Jahr später, im Juni 2000, wurde dann vom BdV das Konzept für ein

---

2 Vgl. Otto Schily: Erinnerung und Gedenken finden ihren Sinn im Willen für eine bessere Zukunft, in: Presse- und Informationsamt der Bundesregierung (Hg.): Bulletin v. 1.6.1999, S. 368ff.

solches »Zentrum« – ein 21-seitiges Papier – offiziell präsentiert.³ Diesem Papier zufolge soll eine Dauerausstellung den Kern und deutlichen qualitativen wie quantitativen Schwerpunkt des »Zentrums« bilden. Sie soll den »Schicksalsweg der deutschen Heimatvertriebenen« zum Thema haben und durch Audio- und Videodokumentationen ergänzt werden. Ferner ist die Darstellung der Aufnahme und Integration der Flüchtlinge in den Bundesländern und im Ausland geplant. Daran anknüpfend soll eine »Dokumentation weltweiter Vertreibungen« entstehen, wie auch »Wege zur Völkerverständigung und Versöhnung« aufgezeigt werden sollen. Ergänzt werden diese Aspekte durch Wechselausstellungen sowie eine Bibliothek und ein Archiv. Schließlich plant man auch eine Requiem-Rotunde, die »der Andacht und dem Gedenken« dienen soll.

Nach der offiziellen Präsentation des Konzepts war das Medienecho in der Bundesrepublik von Zustimmung zu dem Projekt geprägt. So wurde der gemeinhin als plural verstandene Charakter des geplanten »Zentrums« hervorgehoben, das laut *taz* (5. 8. 2000) »Ort der Mahnung« sein solle und zum Ausgangspunkt für »Versöhnung und Recht« werden könnte, wie der *General-Anzeiger* (5./6. 8. 2000) schrieb. Durch die Errichtung des deutschen »Mahnzentrums« wachse das politische und gesellschaftliche »Verständnis für die Heimatvertriebenen«, hieß es in der Presse.⁴ Am 6. September 2000 wurde dann offiziell die Stiftung »Zentrum gegen Vertreibungen« begründet, deren Titel inzwischen geschützt ist.

Nach Vorlage des Konzepts wurde eine offizielle Stellungnahme der Bundesregierung erwartet, die Bundeskanzler Schröder in seiner Rede beim »Tag der Heimat« im Herbst 2000 abgab. Darin betonte Schröder entgegen den vorherigen Äußerungen seines Innenministers, dass die Bundesregierung dem Plan für eine »zusätzliche zentrale Gedenkstätte zurückhaltend« gegenüberstehe.⁵ Von Vertriebenenseite wurde das als Absage für das »Zentrum« interpretiert, zugleich aber erklärt, dass man unverändert an dem Projekt festhalten werde.⁶ Während sich in dieser Stellungnahme von Vertriebenenseite bereits eine grundsätzliche Dialogverweigerung andeutete –

---

3   Vgl. Bund der Vertriebenen (Hg.): Zentrum gegen Vertreibungen (Konzeption), Bonn 2000.
4   Vgl. o.V.: Steinbach wirbt für Mahnzentrum, in: Frankfurter Allgemeine Zeitung v. 5.8.2000; Stefan Hupka: Noch ein Mahnzentrum in Berlin?, in: Badische Zeitung v. 8.8.2000; o.V.: Zentrum soll Mahnung sein, in: Neue Ruhr Zeitung v. 4.8.2000; Rudolf Grimm: Das Verständnis für die Heimatvertriebenen wächst, in: Frankfurter Neue Presse v. 5.8.2000.
5   Vgl. Gerhard Schröder: Rede anlässlich des 50. Jahrestages der Charta der deutschen Heimatvertriebenen am Tag der Heimat am Sonntag, 3. September 2000, in Berlin (Redemanuskript), S. 10.
6   Vgl. Erika Steinbach: BdV wirbt landauf/landab für Zentrum gegen Vertreibungen, Pressemitteilung v. 5.9.2000.

schließlich wollte man ungeachtet der Haltung der Bundesregierung *unverändert* an den eigenen Plänen festhalten –, drückte Schröders Position zu diesem Zeitpunkt zunächst nur eine temporäre Zurückhaltung aus. Dies bekräftigte auch der damalige Kulturstaatsminister Michael Naumann, als er im September 2000 betonte, dass die Bundesregierung über ein »Zentrum gegen Vertreibungen« erst in einigen Jahren entscheiden werde.[7] Ferner erklärte die Bundesregierung, dass das von den Vertriebenenverbänden vorgelegte Konzept für das »Zentrum gegen Vertreibungen« noch nicht hinreichend erkennen lasse, ob die wissenschaftlichen und museologischen Kriterien, die bei »gesamtstaatlich bedeutenden Vorhaben zu Teilbereichen der deutschen Geschichte« angelegt werden müssten, ausreichend erfüllt seien, weshalb sie erst nach Klärung dieser Fragen »inhaltlich zu dem Vorhaben Stellung nehmen« werde. Das gute nachbarschaftliche Verhältnis zu den osteuropäischen Staaten spiele dabei eine »wesentliche Rolle«.[8]

Dass die Unionsfraktion zu dieser Frage eine völlig andere Haltung einnahm, zeigte ein im Frühjahr 2002 vorgelegter Entschließungsantrag, nach dem der Bundestag seine Zustimmung zu dem von den Vertriebenenverbänden geplanten »Zentrum« erklären sowie dessen finanzielle Protektion zusichern sollte.[9] Die Mitte Mai 2002 anberaumte Bundestagsdebatte über ein »Zentrum gegen Vertreibungen« bestätigte die konkurrierenden Positionen der Parteien.[10] Während sich die Regierungskoalition in einem separaten Antrag für die Einbindung eines potenziellen Vertreibungszentrums in einen europäischen Rahmen mit gemeinsamer europäischer Diskussion und somit langer Vorlaufzeit aussprach,[11] beharrte die Unionsfraktion auf dem originär deutschen Modell und dessen zügiger Realisierung. Auch der erstmals Anfang 2002 von dem SPD-Bundestagsabgeordneten Markus Meckel geäußerte Vorschlag, ein entsprechendes Zentrum nicht in Berlin, sondern alternativ im polnischen Wrocław zu errichten, stieß auf Ablehnung bei den Initiatoren.

Die konkurrierenden Positionen

Nachdem die öffentliche Auseinandersetzung über das geplante »Zentrum« seit der Bundestagsdebatte etwas eingeschlafen war, unternahm der BdV Mitte 2003 den Ver-

---

7 Vgl. Lt.: Naumann hat Bedenken, in: Frankfurter Allgemeine Zeitung v. 21.9.2000; mh: Naumann wirft Steinbach »unguten Stil« vor, in: Süddeutsche Zeitung v. 21.9.2000.
8 Vgl. Bundestagsdrucksache 14/3922 v. 21.7.2000, S. 2.
9 Vgl. Bundestagsdrucksache 14/8594 v. 19.3.2002, S. 1f.
10 Vgl. Plenarprotokoll 14/236 v. 16.5.2002.
11 Vgl. Bundestagsdrucksache 14/9033 v. 14.5.2002, S. 1.

such, sein Projekt durch mehrere Podiumsdiskussionen wieder gezielt in die Öffentlichkeit zu bringen – mit Erfolg. Seit dem Frühsommer 2003 ist aus den kleineren Kontroversen eine große mediale Debatte um ein »Zentrum gegen Vertreibungen« geworden, bei der sich drei unterschiedliche Standpunkte herausgebildet haben: Die deutschen Vertriebenenverbände wollen es als deutsches Opferzentrum in Berlin errichten, eine Gruppe um den SPD-Bundestagsabgeordneten Meckel fordert eine europäische Lösung, und kürzlich ist eine wissenschaftliche Initiative an die Öffentlichkeit getreten, die die Errichtung eines solchen »Zentrums« generell ablehnt.

Ansatz 1: Deutsches Opferzentrum

Die BdV-Präsidentin und CDU-Bundestagsabgeordnete Erika Steinbach hat von Anfang an keinen Hehl daraus gemacht, mit welcher Intention und mit welchen Erwartungen die Vertriebenenverbände ein »Zentrum gegen Vertreibungen« etablieren wollen. In »geschichtlicher und räumlicher Nähe« zum Holocaust-Mahnmal soll es in der Bundeshauptstadt entstehen, erklärte sie gegenüber der *Leipziger Volkszeitung* (29. 5. 2000). Konzeptionelles Vorbild für das Projekt sei das US-Holocaust Memorial Museum in Washington. Die Botschaft dieser Aussage ist an Deutlichkeit kaum zu überbieten: Man sucht die »geschichtliche« Nähe zum deutschen Massenmord an den europäischen Juden, genauer gesagt: die Nähe zu deren Opferstatus. Man selbst sei Opfer gewesen und stehe historisch auf einer Stufen mit den ermordeten Jüdinnen und Juden. Steinbach formuliert das so: »Im Grunde genommen ergänzen sich die Themen Juden und Vertriebene miteinander. Dieser entmenschte Rassenwahn hier wie dort, der soll auch Thema in unserem Zentrum sein.«[12]
Diese Verdrehung der Geschichte ist charakteristisch für die Vertriebenenposition, die insgesamt als ein Modell der historischen Entkontextualisierung beschrieben werden kann.[13] Der kausale Zusammenhang von Flucht und Vertreibung der Deutschen zur vorangegangenen NS-Volkstums- und Vernichtungspolitik wird ebenso wenig thematisiert wie der Umstand, dass die Ausweisung der Deutschen dem damaligen Verständnis folgend das künftige Konfliktpotenzial in Osteuropa verringern sollte. Denn die deutschen Minderheiten (oder »Volksdeutschen«, wie es damals hieß) hatten bekanntermaßen in Osteuropa während des Nationalsozialismus soziale und politische

---

12 Erika Steinbach, zit. n.: Dieter Wonka: Vertriebene für Gedenkstätte neben Holocaust-Mahnmal, in: Leipziger Volkszeitung v. 29.5.2000.
13 Vgl. hierzu ausführlich: Samuel Salzborn: Opfer, Tabu, Kollektivschuld. Über Motive deutscher Obsession, in: Michael Klundt u.a.: Erinnern, verdrängen, vergessen. Geschichtspolitische Wege ins 21. Jahrhundert, Giessen 2003, S. 17ff.

Konflikte geschürt, auf denen die NS-Außenpolitik zumindest so lange basierte, wie diese ihre Interessen noch nicht auf kriegerischem Weg verfolgte. Dass die Volkstumspolitik, die zu Flucht und Vertreibung der Deutschen führen sollte, letztlich konstitutiv für die Vorbereitung und Umsetzung der deutschen Eroberungs- und Vernichtungspolitik war, wird somit in den Konzepten der Vertriebenenverbände faktisch negiert. Von Vertriebenenseite wird hingegen der menschenrechtswidrige Charakter von Vertreibungen und Bevölkerungstransfers im Allgemeinen betont und auf die Gewalttaten und Exzesse hingewiesen, zu denen es während Flucht und Vertreibung gekommen ist.

Auf den entkontextualisierenden Ansatz der Vertriebenenverbände hat auch die Präsidentin der Europa-Universität Viadrina, Gesine Schwan, gegenüber der *Mitteldeutschen Zeitung* (25. 7. 2003) hingewiesen, als sie sagte, dass BdV-Präsidentin Steinbach »ein komplementäres Denkmal zum Holocaust-Mahnmal« schaffen wolle und dass in Vertriebenenkonzept alle europäischen Elemente »bloßes Etikett« seien. Zu einer ähnlichen Einschätzung gelangte auch der Osteuropahistoriker Philipp Ther, der die europäische Komponente im BdV-Konzept ebenfalls als »Etikettenschwindel« versteht[14] und in einem Beitrag in der *Süddeutschen Zeitung* (23. 7. 2003) betonte, dass es bei diesem »Prestigeprojekt« des BdV »in erster Linie um eine nationale Martyrologie« gehe. Ein »Zentrum gegen Vertreibungen« unter Führung der Vertriebenenverbände in Berlin würde, so Ther, »erheblichen außenpolitischen Schaden anrichten. Und auch innenpolitisch würde es einen Paradigmenwechsel einleiten, weil sich die Deutschen darin lauthals als Opfer der Geschichte präsentieren«. Die *Sächsische Zeitung* kommentierte: »Deutlicher lässt sich kaum ausdrücken, worum es dem Bund der Vertriebenen (BdV) geht: Um ein Zentrum, bei dem die Vertreibung der Deutschen nach dem Ende des 2. Weltkrieges im Mittelpunkt steht. Dies aber sollte nicht nur stutzig machen – es sollte ganz einfach verhindert werden. Eine Organisation, die seit Jahrzehnten immer wieder einmal Probleme im Umgang mit historischen Ursachen und Wirkungen hat, darf nicht mit der alleinigen Trägerschaft eines solch politisch hochsensiblen Projekts betraut werden.«[15]

Ungeachtet aller Kritik hält der Bund der Vertriebenen an seinem Führungsanspruch für ein Vertreibungszentrum fest und beharrt kategorisch darauf, dass nur ein Standort dafür in Frage komme, nämlich Berlin: »Das Zentrum gegen Vertreibungen ist zunächst eine innenpolitische Angelegenheit Deutschlands. Es geht darum, den deut-

---

14 Vgl. Frank Herold: Vom Umgang mit einer europäischen Tragödie, in: Berliner Zeitung v. 5.9.2003.
15 Sächsische Zeitung, zit. n.: o.V.: »Sächsische Zeitung« (Dresden) zu Vertreibungs-Zentrum, dpa-Meldung v. 17.7.2003.

schen Vertriebenen jenes Maß an Mitgefühl zu signalisieren, das ihnen in den letzten Jahrzehnten weitgehend verweigert wurde.«[16]
Während die *Frankfurter Allgemeine Zeitung* (16. 7. 2003) lediglich vor einer »verfrühten Europäisierung« des Projekts warnte und damit verdeutlichte, dass diese zu einem späteren Zeitpunkt auch aus konservativer Perspektive denkbar wäre, beharren die Vertriebenenverbände auf ihrer Position. Auch wenn die rot-grüne Bundesregierung ein europäisches Projekt bevorzugt, besteht Vertriebenen-Chefin Steinbach auf einer »gesonderten Würdigung der deutschen Opfer«, wie die *taz* bereits im vergangenen Jahr schrieb (4. 7. 2002). Das »Zentrum« werde, so Steinbach kürzlich, definitiv in Berlin entstehen – ganz gleich, ob mit oder ohne Unterstützung der Bundesregierung und unabhängig von der Haltung des Auslandes oder wissenschaftlichen Einwänden. Gegenüber der *Welt am Sonntag* (17. 8. 2003) erklärte sie schroff: »Unsere europäischen Nachbarn müssen damit leben, dass es Vertreibung Deutscher gegeben hat und sie müssen sich zurückhalten, wenn man in Deutschland der deutschen Opfer gedenken will.«
Neben Vertretern aus dem Vertriebenenumfeld (wie z. B. Otto Habsburg oder Dieter Blumenwitz) gehört zu den Unterstützern eines deutschen »Zentrums gegen Vertreibungen« in Berlin als prominenteste Person der SPD-Politiker Peter Glotz. In einer in der *FAZ* vom 4. September 2003 veröffentlichten Anzeige erklärten unter dem Slogan »Wir wollen das Zentrum gegen Vertreibungen in Berlin« aktuell insgesamt zwanzig Personen ihre Zustimmung zu den Plänen der Vertriebenenverbände, darunter Peter Scholl-Latour, Joachim Gauck, Arnulf Baring, Horst Möller, Udo Lattek, Michael Wolffsohn und Freya Klier.
Verschiedene Wissenschaftlerinnen und Wissenschaftler, aber auch Politikerinnen und Politiker haben sich – obgleich von der ursprünglichen Idee eines solchen »Zentrums« angetan – seit Bekanntwerden der konzeptionellen Details von den Plänen der Vertriebenenstiftung distanziert. Und auch wenn Bundesinnenminister Schily noch immer einen Dialog mit den Vertriebenenverbänden für sinnvoll und notwendig erachtet,[17] haben jüngste Äußerungen von Bundeskanzler Schröder, Außenminister Fischer und Bundespräsident Rau gezeigt, dass die Wahrscheinlichkeit einer offiziellen und finanziellen Unterstützung durch die Bundesregierung für ein »Zentrum gegen Vertreibungen« in Berlin immer geringer wird.

---

16 Bund der Vertriebenen: Ein nationales und ein europäisches Anliegen, Pressemitteilung v. 13.8.2003.
17 Vgl. Otto Schily: »Lagerdenken ist völlig unangemessen«, Interview in: Frankfurter Allgemeine Zeitung v. 6.9.2003.

Die »große Sensibilität«, die Gerhard Schröder noch im Herbst vergangenen Jahres im Interview mit dem *Tagesspiegel* hinsichtlich der Debatten über ein »Zentrum gegen Vertreibungen« eingefordert hatte (15. 8. 2002), scheint auf Vertriebenenseite endgültig abhanden gekommen zu sein. Gegenüber dem *Spiegel* (online 13. 8. 2003) sprach sich der Kanzler jetzt deutlich gegen ein solches »Zentrum« in Berlin aus, da der Standort Gefahr laufe, »allzu einseitig das Unrecht, das Deutschen widerfahren ist, in den Vordergrund der Debatte über Vertreibungen zu stellen und dabei zu sehr auszublenden, welches die historischen Ursachen sind«. Außenminister Fischer erklärte in einem viel beachteten Interview in der *Zeit* (28. 8. 2003) kurz und bündig: »Der BdV taugt nicht als Museumsdirektor.« Ein »Zentrum gegen Vertreibungen« in Berlin, so Fischer, berge die Gefahr, »letztlich auf das Umschreiben von Geschichte« hinauszulaufen und damit »eine Täter-Opfer-Verkehrung« vorzunehmen. Wenngleich im Ton diplomatischer, war die Stellungnahme von Johannes Rau in seiner kürzlich beim »Tag der Heimat« des BdV gehaltenen Rede ebenfalls eine deutliche Absage an eine deutsch-zentrierte Vertreibungsstätte.[18]

Ansatz 2: Europäisches Vertreibungszentrum

Als Gegenmodell zu einem »deutschen« Vertreibungszentrum wurde wiederholt eine ähnliche Institution mit europäischer Ausrichtung ins Gespräch gebracht. Im Juli 2003 war eine Initiative um den SPD-Bundestagsabgeordneten Meckel mit einem Aufruf unter dem Titel »Gemeinsame Erinnerung als Schritt in die Zukunft. Für ein Europäisches Zentrum gegen Vertreibungen, Zwangsaussiedlungen und Deportationen« an die Öffentlichkeit getreten, ein Titel, der als die zentrale Stellungnahme dieses geschichtspolitischen Ansatzes anzusehen ist.[19] Dessen wesentliche Passagen seien hier auszugsweise zitiert: »Aus unserer heutigen Sicht sind Vertreibungen, Zwangsumsiedlungen und Deportationen Unrecht und deshalb abzulehnen. [...] Wir setzen uns für ein Europäisches Zentrum gegen Vertreibungen ein – als Dokumentations-, Forschungs- und Begegnungsstätte. [...] Die Gestaltung eines solchen Zentrums als vorwiegend nationales Projekt, wie es in Deutschland die Stiftung der Heimatvertriebenen plant, ruft das Misstrauen der Nachbarn hervor und kann nicht im gemeinsamen Interesse unserer Länder sein. Es birgt die Gefahr, das Leid der Einen gegen das Leid der Anderen aufzurechnen und die sehr unterschiedlichen Ursachen und Kon-

---

18 Vgl. Johannes Rau: Rede beim Tag der Heimat des Bundes der Vertriebenen am 6. September 2003 in Berlin, in: Presse- und Informationsamt der Bundesregierung (Hg.): Bulletin v. 12.9.2003, S. 13f.
19 Der Aufruf ist im Internet verfügbar unter http://www.markus-meckel.de.

texte von Vertreibungen, Zwangsumsiedlungen und Deportationen zu vernachlässigen.« Unterzeichnet wurde der Aufruf von 65 Politikern und Intellektuellen, darunter Detlef Brandes, Bernd Faulenbach, Günter Grass, Władysław Bartoszewski, Jaroslav Kucera, Hans Lemberg, Hans Mommsen, Rita Süssmuth und Wolfgang Thierse. Auch wenn die Gruppe um Meckel an dem vorgegebenen Paradigma eines Vertreibungszentrums festhält, so soll es doch als gemeinsames europäisches Projekt verwirklicht werden. Die Frage der konkreten Konzeption, Trägerschaft, Organisationsstruktur und des Ortes wird bewusst offen gelassen, weil sie erst im europäischen Dialog ermittelt werden soll. Überdies weisen die Befürworter dieses Modells auf die Mannigfaltigkeit der Ursachen von Flucht und Vertreibung in der Geschichte hin sowie auf die Notwendigkeit, die jeweiligen historischen Kontexte zu berücksichtigen. Dem deutschnationalen Fokus mit revisionistischer Intention wird damit deutlich entgegengetreten.

Während Erika Steinbach den Aufruf für ein »Europäisches Zentrum gegen Vertreibungen« gegenüber der *Welt* (16. 7. 2003) als Projekt charakterisierte, das »politisch leicht zu durchschauen« sei, da es sich lediglich um eine »Verhinderungsstrategie zu Lasten der deutschen Heimatvertriebenen« handle, warf der konservative Historiker und Befürworter der BdV-Variante, Arnulf Baring, Meckel in der *Welt am Sonntag* (27. 7. 2003) vor, »mutwillig Unfrieden« stiften zu wollen. Im Interview mit der rechtsextremen Wochenzeitung *Junge Freiheit* (19. 9. 2003) unterstellte Steinbach sogar, Meckel habe »von Deutschland aus in Richtung Polen und Tschechische Republik Ängste geschürt« und damit quasi den Protest inszeniert, zu dem es sonst so nicht gekommen wäre.

Eine ernst zu nehmende Auseinandersetzung mit dem Vorschlag der Europäisierung hat es von Vertriebenenseite nicht gegeben – wenn man von der wiederholt vorgetragenen taktischen Behauptung absieht, ihr Projekt erhebe europäischen Anspruch. Bei einer grundsätzlich europäischen Ausrichtung, schrieb die *Süddeutsche Zeitung* (11. 9. 2003), verlöre der BdV die »historische Deutungshoheit, die er sich von einem Zentrum unter seiner Obhut erhofft«.

Eine ähnliche Richtung wie die Befürworter des »Europäischen Zentrums gegen Vertreibungen« hatten bereits rund 40 Osteuropahistoriker im Rahmen eines wissenschaftlichen Kolloquiums im Dezember 2002 in Darmstadt eingeschlagen.[20] Der bereits dort geforderte transnational vergleichende und multidisziplinäre Diskurs,

---

20 Vgl. Dieter Bingen/Stefan Troebst/Włodzimierz Borodziej: Erklärung zum internationalen wissenschaftlichen Kolloquium »Ein europäisches Zentrum gegen Vertreibungen. Historische Erfahrungen – Erinnerungspolitik – Zukunftskonzeptionen« (Darmstadt 5. bis 7. Dezember 2002), in: Zeitschrift für Geschichtswissenschaft, Heft 1/2003, S. 102ff.

der frei von kurzfristigen politischen Verwertungsinteressen sein müsse, war von Vertriebenenseite in Person von Herbert Hupka (dem langjährigen Vorsitzenden der Landsmannschaft Schlesien) als »pseudowissenschaftliches Kauderwelsch« abgetan worden.[21]

Ansatz 3: Generelle Ablehnung eines »Zentrums gegen Vertreibungen«

Neben einer europäischen Alternative zu einem deutschen Vertreibungszentrum wurde bereits frühzeitig die Frage aufgeworfen, ob nicht besser ganz auf eine solche Einrichtung verzichtet werden sollte. Die Kritik zielte darauf, dass ein »Zentrum gegen Vertreibungen« die Gefahr der historischen Entkontextualisierung in sich berge und dass zudem der Topos »Vertreibung« ein falscher Gesamtfokus für die Analyse des 20. Jahrhunderts sei. Das für Vertreibungen charakteristische Faktum der Gewalt könnte instrumentalisiert werden, so die Kritik, um generell von politischen Ursachen und historischen Zusammenhängen abzulenken. Insofern wurde bereits der wissenschaftstheoretische Grundansatz kritisiert und für eine generell andere historische Perspektive plädiert.

Die erste in der Intention einer grundsätzlichen Ablehnung verfasste mediale Initiative wurde von sieben Politologen und Historikern aus Deutschland und Polen unter dem Titel »Deutsche Unfähigkeit zum besonnenen Diskurs über die Geschichte« bereits im Spätsommer des Jahres 2002 in der *Frankfurter Rundschau* (4. 7. 2002) veröffentlicht. Neben der Leiterin der Arbeitsstelle Ostmitteleuropa der Deutschen Gesellschaft für Auswärtige Politik (DGAP), Andrea Gawrich, gehörten zu den Unterzeichnern der Chefredakteur des deutsch-polnischen Magazins *Dialog*, Basil Kerski, und die Direktorin des Westinstituts in Poznań, Anna Wolff-Powęska. In dem Text wurde der Begriff »Vertreibung« als »an sich schon umstritten« bemängelt und darauf hingewiesen, dass es sich bei der Behauptung von Vertriebenenseite, die Erinnerung an Flucht und Vertreibung sei tabuisiert gewesen, eher um einen Mythos handle. Überdies wurde der Debatte ein »eigenartiger Fatalismus« attestiert, da ein solches »Zentrum« noch kurz zuvor fast einhellig als unnötig und schädlich abgelehnt worden sei und bisher keine neuen Argumente auf den Tisch gekommen seien, die dafür sprächen.

Auch der Vorschlag zur Errichtung eines »Europäischen Zentrums gegen Vertreibungen« änderte nichts an der Fortexistenz der grundsätzlichen Kritik. In der *Frankfurter Rundschau* (21. 8. 2003) hieß es Ende August: »Der Haken an dieser [Meckels] Initi-

---

21 Vgl. Peter Richter: Vertreibung – erst die alten Geister, in: Neues Deutschland v. 1.8.2003.

ative ist, dass sie bei allen guten Absichten den notwendigen Kontext historisch-konkreter Erinnerung an Kriegs- und Vertreibungsunrecht verfehlen muss. Als Reaktion auf die Steinbach-Initiative wirkt sie wie der hastige Versuch einer Schadensbegrenzung und Beruhigung der kritischen Stimmen aus Mittelosteuropa und aus Deutschland selbst.« An gleicher Stelle hatten einige Wochen zuvor bereits die Osteuropahistoriker Eva Hahn und Hans Henning Hahn das Projekt eines Vertreibungszentrums generell kritisiert und betont, dass das Schlagwort »ethnische Säuberungen«, auf das sich der Vertreibungsdiskurs gründe, zur Verschleierung historischer und politischer Zusammenhänge diene. Denn dieses Schlagwort suggeriere, dass die »Sehnsucht nach ethnischer Homogenität« der Hauptgrund für die Gegner Hitlerdeutschlands gewesen sei, »deutsche Minderheiten aus Osteuropa auszusiedeln«. Dabei werde jedoch unterschlagen, dass es der »großdeutsch-völkische Unwille, die Multikulturalität des östlichen Europa zu akzeptieren und zu respektieren«, gewesen sei, der die »ethnische Säuberung Ostmitteleuropas herbeigeführt« habe.[22]

Am deutlichsten öffentlich wahrnehmbar wurde die grundsätzliche Ablehnung eines »Zentrums gegen Vertreibungen« dann mit einem zeitgleich in der polnischen Tageszeitung *Gazeta Wyborcza* und der tschechischen Tageszeitung *Lidové noviny* am 4. September dieses Jahres veröffentlichten internationalen Aufruf.[23] Darin kritisierten 116 Wissenschaftlerinnen und Wissenschaftler aus zwölf Ländern die bisherige Debatte und forderten eine europäische Aufarbeitung der Vergangenheit, die sich auf einen »pluralen, kritischen und aufgeklärten Diskurs« gründen müsse. Ein »Zentrum gegen Vertreibungen« werde der kritischen Aufarbeitung der Vergangenheit hingegen nicht nutzen. Stattdessen würden die unterschiedlichen Erfahrungen der europäischen Nationen in Frage gestellt, damit werde die europäische Integration behindert. Es bestehe die Gefahr einer »staatlich sanktionierten Umdeutung der Vergangenheit«, einer Revision der Geschichte und der »Torpedierung eines auf europäischen Dialog angelegten gesellschaftlichen und politischen Diskurses«. Die nationalsozialistische Volkstums- und Vernichtungspolitik werde als Ursache von Flucht und Vertreibung der Deutschen ausgeblendet. Damit drohe die Gefahr einer Ethnisierung von gesellschaftlichen Konflikten in der Gegenwart, also der Umdeutung von politischen und

---

22 Vgl. Eva Hahn/Hans Henning Hahn: Erst die deutschen Hausaufgaben machen. Die zwei Projekte für ein »Zentrum gegen Vertreibungen« sind nur vor dem Hintergrund einer unaufrichtigen Vertriebenenpolitik verständlich, in: Frankfurter Rundschau v. 25.7.2003.
23 Der Aufruf ist im Internet verfügbar unter http://www.vertreibungszentrum.de. Die Zahl der Unterzeichner/innen hat – wie auch im Fall des Meckel-Aufrufs – mittlerweile zugenommen, so dass es sich bei den Zahlenangaben jeweils um die Erstunterzeichner/innen der beiden Aufrufe handelt.

sozialen Kontroversen in ethnische Konflikte und die Durchsetzung eines völkischen Gesellschafts- und Politikverständnisses.
Unterzeichnet wurde der Aufruf unter anderem von Micha Brumlik, Anton Pelinka, Georg G. Iggers, Michael Burleigh, Peter Demetz, Ronald Smelser, Hartmut Lehmann, Klaus Zernack, Hubert Orłowski, Jan Maria Piskorski und Miroslav Hroch. Bemerkenswert bei der Diskursentwicklung war zudem, dass einige der Unterstützer des Meckel-Appells nun auch diese generelle Ablehnung unterzeichneten – so Marek Edelman, der letzte lebende Anführer des Warschauer Ghetto-Aufstands von 1943, und der ehemalige polnische Außenminister Bronisław Geremek. Insofern muss von einer deutlichen Diskursverschiebung vor allem hinsichtlich der polnischen Haltung zu einem »Zentrum gegen Vertreibungen« ausgegangen werden. Ausdruck dieses Wandels ist auch, dass das »Zentrum« in Polen immer öfter als »Zentrum gegen Versöhnung« bezeichnet wird.[24]

Vorläufiges Zwischenfazit

Da die Debatte über ein »Zentrum gegen Vertreibungen« mit großer Wahrscheinlichkeit noch längere Zeit anhalten wird, wäre es verfrüht, bereits an dieser Stelle ein abschließendes Resümee zu formulieren. Dieses Zwischenfazit knüpft somit an die in dem von Jürgen Danyel und Philipp Ther herausgegebenen Schwerpunktheft der *Zeitschrift für Geschichtswissenschaft* (1/2003) zum Thema »Flucht und Vertreibung in europäischer Perspektive« formulierten Analysen zu den Debatten über ein Vertreibungszentrum an; der Fokus wird an dieser Stelle aber besonders auf diejenigen Aspekte und signifikanten Momente der Kontroverse gelegt, die unter dem Blickwinkel des medialen und öffentlichen Charakters der geschichtspolitischen Debatte über ein »Zentrum gegen Vertreibungen« besonders bemerkenswert sind.
Erstens fällt auf, dass alle drei geschichtspolitischen Ansätze in der »Zentrums«-Debatte einen öffentlichen Diskurs fordern, wobei das hierfür als relevant erachtete Thema stark differiert. Ganz gleich, welchen Standpunkt man in der Debatte *inhaltlich* einnehmen mag, fällt bei dieser Forderung auf, dass es sich bisher um einen hoch spezialisierten Elitendiskurs handelt, den – und hier sei die Zahl bewusst hoch angesetzt – vielleicht tausend Expertinnen und Experten in Wissenschaft und Politik detailliert verfolgen und mitgestalten. Von einem europäischen Dialog, der in einer so zentralen geschichtspolitischen Frage dringend geboten wäre, kann bisher bestenfalls in Ansätzen die Rede sein. Insofern handelt es sich um eine Kontroverse, der in weiten

---

24 Vgl. Gabriele Lesser: Zentrum gegen Versöhnung. Warum das Nazi-Bild von Erika Steinbach in Polen Anklang findet, in: die tageszeitung v. 19.9.2003.

Teilen die gesellschaftliche Rückkoppelung fehlt und die nur in einzelnen nationalen Diskursen (etwa dem polnischen und mit einigen Abstrichen auch dem tschechischen) tatsächlich durch die Vermittlung der Medien zu einer breiteren gesellschaftlichen Debatte geführt hat. Die in den Medien festzustellende mangelnde Transparenz der politischen und historischen Argumente sowie der von den unterschiedlichen Interessengruppen angewandten vergangenheitspolitischen Strategien, aber auch die durch den medialen Charakter der Debatte bedingte Schwierigkeit einer geschichtspolitischen Einordnungsmöglichkeit der Akteurinnen und Akteure durch eine breite gesellschaftliche Öffentlichkeit dürften somit signifikante Elemente für die mediale Kontroverse über ein »Zentrum gegen Vertreibungen« sein.

Als *zweites* Moment erscheint der Modus der medialen Vermittlung der Debatte interessant. Es gibt kaum eine europäische Großstadt, deren Namen noch nicht als möglicher Standort für ein Vertreibungszentrum in den Medien genannt worden wäre. Dies veranlasste eine der beiden führenden polnischen Tageszeitungen, die *Rzeczpospolita* (8. 9. 2003) zu dem sarkastischen Kommentar, dass der richtige Ort für das »Zentrum« weder Berlin noch Wrocław oder Sarajevo sei, sondern Ibiza – als Ort, von dem die Deutschen gegenwärtig gen Mallorca vertrieben würden. Dies bringt, wenn auch in der Tat satirisch stark überspitzt, ein zentrales Problem auf den Punkt: die Abwesenheit einer *substanziellen inhaltlichen Kontroverse* über ein »Zentrum gegen Vertreibungen«. Statt über konkurrierende Interpretationen von Flucht und Vertreibung der Deutschen sowie die NS-Vorgeschichte zu streiten und dabei zunächst offen zu lassen, ob ein »Zentrum gegen Vertreibungen« überhaupt nötig ist (was bei einer ergebnisoffenen Debatte gleichermaßen eine Entscheidung für wie gegen ein solches Projekt bedeuten könnte), erscheint fast täglich in den Medien ein neuer Vorschlag für einen Ort der Platzierung eines solchen »Zentrums«. Insofern wird die Diskussion medial auf eine Standortfrage verkürzt, in der Aufmerksamkeit denjenigen zuteil wird, die besonders ausgefallene oder plakative Vorschläge machen. Da andererseits jeder Ortsvorschlag aber auch eine symbolische Codierung beinhaltet und die Nennung eines möglichen Sitzes für ein Vertreibungszentrum Rückschlüsse auf einen vergangenheitspolitischen Standort zulässt, werden zugleich individuelle und kollektive Assoziationen aus dem Unbewussten abgerufen und mobilisiert, ohne dass diese politisch hinterfragt oder historisch reflektiert würden.

Und *drittens* schließlich ist geschichtspolitisch betrachtet auch die Rezeption der Debatten über ein »Zentrum gegen Vertreibungen« und die Akzentuierung der konkurrierenden Positionen in den Medien außerordentlich beachtenswert. Der Bund der Vertriebenen – ein Interessenverband in der Rechtsform eines eingetragenen Vereins – hat einen Vorschlag zur Errichtung einer Gedenkstätte gemacht, der zunächst lediglich seiner subjektiven Geschichtsinterpretation entspricht. Das ist legitim und folgt dem Interesse des Verbandes. Daraufhin lehnte eine Reihe von prominenten Persönlichkeiten eine deutschnationale Verengung des Blicks ab und plädierte für eine europäische Alternative. Nachdem die Debatte zwischen diesen beiden Positionen einige Zeit die Medien besetzt hatte, meldete sich eine wissenschaftliche Initiative zu Wort, die die Errichtung eines »Zentrums« grundsätzlich ablehnte und stattdessen für einen kritischen Vergangenheitsdiskurs plädierte. Diese Initiative war fast allen deutschen Medien – im Gegensatz zur Vertriebenenposition – nur eine kurze Meldung wert. Damit war es einem politischen Interessenverband gelungen, sein Projekt derart im öffentlichen Diskurs zu verankern, dass zumindest eine grundsätzliche Ablehnung nicht mehr als diskursfähig erscheint – obgleich bisher öffentlich keine ausführliche inhaltliche Kontroverse über das Thema stattgefunden hat.

Die mediale Debatte über ein »Zentrum gegen Vertreibungen« hat somit eine durchaus problematische Eigendynamik entwickelt, in der der BdV sich von seiner Rolle als Interessenverband zum generösen Richter über die Vergangenheit aufzuschwingen und dabei den aus der moralischen Privilegierung des Opferstatus resultierenden »politischen Mehrwert« (Herfried Münkler)[25] einzustreichen versucht. Der Eingriff in den Prozess der politischen Willensbildung durch die Vertriebenenverbände soll – obgleich subjektiv konstituiert – normativ wirken und unterstellt die eigene Position implizit bereits als gesellschaftlichen Konsens.

Den Gipfel der Anmaßung – man kann es nicht anders nennen – stellten dabei die Äußerungen der BdV-Präsidentin Steinbach beim »Tag der Heimat« 2003 dar, als sie jovial gegenüber der Bundesregierung und den Nachbarstaaten eine »Einladung« aussprach, durch »Rat und Tat« an dem »Zentrum gegen Vertreibungen« mitzuwirken – wohl bemerkt bei Verwendung des Vertriebenenkonzepts und bei Ausschluss eines anderen Standortes als Berlin. Und Steinbach wörtlich weiter: »An den deutschen Bundeskanzler und seinen Außenminister richte ich die Aufforderung, nicht nur für die Gefühle unserer Nachbarländer Polen und Tschechien Verständnis aufzubringen, sondern in zumindest gleichem Maße für ihre eigenen Bürger.«[26] Selbst als unvoreingenommener Beobachter musste man den Eindruck gewinnen, als würde hier die Oberlehrerin den Schuljungen zurechtweisen.

---

25 Vgl. Herfried Münkler: Unter Abwertungsvorbehalt. Vom Bombenkrieg bis zur Vertreibung: Seit einigen Jahren experimentiert Deutschland mit einer Politik des Opfers, in: Frankfurter Rundschau v. 24.9.2003.
26 Erika Steinbach: Mit Menschenrechten Europa vollenden. Rede der BdV-Präsidentin zum Tag der Heimat am 6. September 2003 (Redemanuskript).

Politische Paradoxien

Zur Jugendarbeit der Vertriebenenverbände

Wenn die Sudetendeutsche Landsmannschaft zu Pfingsten ihren Sudetendeutschen Tag zelebriert oder der Bund der Vertriebenen (BdV) im Herbst zum Tag der Heimat ruft, bleibt in den Medien ein Vorurteil fast nie ungenannt: die, die sich da treffen, haben das Rentenalter bereits seit geraumer Zeit erreicht und die Forderungen und Thesen, die von ihnen aufgestellt und formuliert werden, bedürften aus biologischen Gründen keiner ernsthaften politischen Auseinandersetzung mehr. Dass der Großteil der heutigen Führungsriege der Vertriebenenverbände Flucht, Vertreibung und Umsiedlung der Deutschen aus den ehemaligen deutschen Ostgebieten infolge des Nationalsozialismus und des Zweiten Weltkriegs bestenfalls – wenn überhaupt bereits geboren – nur im Kindesalter miterlebt und somit schwerlich noch bewusste Erinnerungen an die »alte Heimat« hat, deutet bereits auf einen Widerspruch in dieser öffentlichen Wahrnehmung hin. Ein Blick auf die Geburtsjahrgänge des aktuellen Führungspersonals der drei größten und einflussreichsten Landsmannschaften macht das deutlich: während der Sprecher der Ostpreußen (Wilhelm von Gottberg) ebenso 1940 geboren wurde, wie der Vorsitzende der Schlesier (Rudi Pawelka), erblickte der Sprecher der Sudetendeutschen (Bernd Posselt) sogar erst 1956 das Licht der Welt. Und die Präsidentin des Dachverbandes BdV, Erika Steinbach, wurde 1943 im damaligen Westpreußen geboren – als Kind eines während des Zweiten Weltkrigs dort zufällig stationierten deutschen Besatzungssoldaten; ihre Eltern lebten zuvor in Bremen bzw. im hessischen Hanau.
Auch viele der jugendlichen Vertriebenenaktivisten geben offen zu, keine und nur weitläufige biografische Verbindungen zu den ehemaligen deutschen Ostgebieten zu haben. Insgesamt waren, so fand das Institut für Demoskopie Allensbach vor einigen Jahren in einer Repräsentativbefragung heraus, sogar dreizehn Prozent aller »Vertriebenen« im Jahr 1996 zwischen sechzehn und neunundzwanzig Jahre alt, d.h. ein nicht zu verkennender Teil der heute als solches geltenden oder sich selbst so definierenden Menschen war am Ende des Zweiten Weltkriegs noch nicht einmal geboren.[1] Während die Vertriebenenverbände als Seniorenclubs gelten, die dem Aussterben entge-

---

1   Vgl. Renate Köcher: Vertriebene der Erlebnis- und Nachfolgegeneration. Ergebnisse einer Sekundäranalyse, in: Kulturstiftung der deutschen Vertriebenen (Hg.): Themenheft: Zum Selbstverständnis der Vertriebenen in der Bundesrepublik Deutschland (= Forum für Kultur und Politik Heft 21), Bonn 1997, S. 5.

genaltern, schrieb die *Frankfurter Allgemeine Sonntagszeitung* treffend, bekomme die »Sehnsucht nach der Heimat Nachwuchs«.[2]
Diese offenkundige Paradoxie hat jedoch einen politischen Kern, der weit mehr als nur zum Schmunzeln oder Kopfschütteln anregen sollte, da er sich aus völkischen Interessen- und Anspruchsorientierungen speist. Bevor auf diese im einzelnen eingegangen werden soll, sei hier zunächst der juristische Kontext dargestellt, in dem die Vertriebenenverbände mit ihren Konzeptionen der Jugendarbeit operieren.

Vererbung der Flüchtlingseigenschaft

Denn das von den Vertriebenenverbänden formulierte Selbstverständnis hat neben der deutlich wahrnehmbaren und weiter unten genauer dargestellten politischen auch eine juristische Komponente, auf der es aufbaut: das Gesetz über die Angelegenheiten der Vertriebenen und Flüchtlinge (kurz: Bundesvertriebenengesetz/BVFG) von 1953. In diesem Gesetzeswerk sind die wesentlichen Grundkoordinaten der Vertriebenenpolitik juristisch fixiert. Es enthält Bestimmungen für die unmittelbar von Flucht und Umsiedlung betroffenen Menschen sowie für Aussiedler und Spätaussiedler. Neben diesem Personenkreis erfassen die Regelungen des BVFG aber auch die Vertriebenennachkommen, also diejenigen, die Flucht, Um- oder Aussiedlung noch nicht erlebt haben können: »Kinder, die nach der Vertreibung geboren sind, erwerben die Eigenschaft als Vertriebener [...] des Elternteiles, dem im Zeitpunkt der Geburt oder der Legitimation das Recht der Personensorge zustand oder zusteht. Steht beiden Elternteilen das Recht der Personensorge zu, so erwirbt das Kind die Eigenschaft als Vertriebener [...] desjenigen Elternteiles, dem im Zeitpunkt der Geburt oder der Legitimation das Recht der gesetzlichen Vertretung zustand oder zusteht.«[3]
Ziel dieser Weitergabe der Vertriebeneneigenschaften ist es, wie es im einschlägigen Kommentar des BVFG heißt, einen bereits bestehenden Vertriebenenstatus über die »Generation der unmittelbar Betroffenen hinaus aufrechtzuerhalten«.[4] Im Gesetzentwurf der Bundesregierung für das BVFG aus dem Jahr 1951 wird der Zweck dieses in Bezug auf die im Gesetz gegebene Vertriebenendefinition doch etwas dubios wirkenden Vorgangs eingehender erläutert. Hier wird ausgeführt, dass es »nicht an-

---

2 Vgl. Julia Schaaf: Später Nachwuchs für die Heimat, in: Frankfurter Allgemeine Sonntagszeitung vom 17. März 2002.
3 § 7 BVFG i. d. bis 31.12.92 geltenden Fassung.
4 Max von Schenckendorff: Vertriebenen- und Flüchtlingsrecht. Kommentar zum BVFG, Nebenbestimmungen, Rechtsprechung (Losebl.), 3. Aufl., Karlsfeld bei München 1998, B 1 § 7 BVFG, S. 111.

gängig« sei, die »Vertriebenen- und Flüchtlingseigenschaft nur Personen zuzuerkennen«, die »im Zeitpunkt der Vertreibung« gelebt hätten. Denn in diesem Fall würde der »Anspruch auf Rückkehr in die Heimat lediglich auf die Generation beschränkt werden, die vertrieben« worden sei. Durch die Bestimmungen zu den »nach der Vertreibung geborenen oder legitimierten Kindern« werde aber »die Erhaltung der Vertriebenen- und Flüchtlingseigenschaft durch Generationen gewährleistet«.[5]
Mit der Weitergabe der Vertriebeneneigenschaft wird somit ein konkretes politisches Ziel verfolgt, das von den realen historischen Vorgängen und den mit diesen verbundenen individuellen Erfahrungen abstrahiert, um daraus politischen Nutzen ziehen zu können. So gelangt auch der Verfasser des BVFG-Kommentars, Max von Schenckendorff, zu dem Ergebnis, dass dem Vertriebenenausweis, der zum Nachweis der »Vertriebenen- oder Flüchtlingseigenschaft« notwendig ist und die »Gewährung von Rechten oder Vergünstigungen als Vertriebener« legitimiert,[6] zugleich auch »Dokumentationscharakter für das Recht auf Heimat und das dauernde Fortbestehen des Vertreibungsunrechts« zukomme.[7] Die ursprüngliche Funktion dieses Vertriebenenausweises bestand weniger in diesem außenpolitisch instrumentalisierbaren »Dokumentationscharakter« für das »Recht auf die Heimat«, sondern darin festzulegen, wer tatsächlich den Vertriebenenstatus hat und diesen für Behörden und Ämter nachvollziehbar zu machen. Denn mit dem Vertriebenenstatus waren zahlreiche Rechte und Vergünstigungen im wirtschaftlichen und sozialen Bereich verbunden.
Der Paragraf, der die Bestimmungen über »nach der Vertreibung geborene oder legitimierte Kinder« beinhaltete, wurde durch das Kriegsfolgenbereinigungsgesetz zum 1. Januar 1993 aufgehoben.[8] Allerdings hat diese Aufhebung – so Schenckendorff – nur Bedeutung für »Kinder von Personen, die nach dem 31.12.1992 das Vertreibungsgebiet« verlassen haben, sowie für »Kinder von Vertriebenen«, die »nach diesem Zeitpunkt geboren« worden sind. Der Aufhebung kommt hingegen keine Rückwirkung in dem Sinn zu, dass ein »Vertriebenenstatus, der in der Person eines bis zum 1.1.1993 Übergesiedelten nach der bis zu diesem Zeitpunkt geltenden Rechtslage

---

5   Entwurf eines Gesetzes über die Angelegenheiten der Vertriebenen und Flüchtlinge (Bundesvertriebenengesetz), Begründung, S. 25, Bundestagsdrucksache 2872 vom 26. November 1951, Anlage 1.
6   Vgl. § 15 Abs. 1 + 5 BVFG i. d. bis 31.12.92 geltenden Fassung.
7   Vgl. Schenckendorff 1998, B 1 § 7 BVFG, S. 112.
8   Vgl. Brigitta Gaa-Unterpaul: Das Kriegsfolgenbereinigungsgesetz und die Änderungen für das Vertriebenenrecht, in: Neue Juristische Wochenschrift, Heft 33/1993, S. 2081.

kraft Gesetzes« entstanden ist, »nachträglich beseitigt worden wäre« und »nicht mehr durch Ausstellung eines Vertriebenenausweises« festgestellt werden könnte.[9] Die Vertriebenenverbände haben auf dieser Legaldefinition aufbauend ein Selbstverständnis ihrer Jugendarbeit entwickelt, das noch weit über den skizzierten rechtlichen Rahmen, respektive das Moment der Vererbbarkeit der Flüchtlingseigenschaften hinausgeht und das sich einer rationalen Transparenz weitgehend entzieht. Denn während die Möglichkeit der Vererbung der Flüchtlingseigenschaften als solche zwar absurd sein mag, bleibt diese doch vor allem durch die zeitliche Begrenzung, die aus der Aufhebung der entsprechenden Regelung durch das Kriegsfolgenbereinigungsgesetz resultiert, auf einen zumindest einigermaßen überschaubaren Personenkreis beschränkt. Die Vertriebenenverbände gehen in ihrem Selbstverständnis jedoch über diese Interpretation hinaus, weil sie die Vertriebenendefinition von dem biografischen bzw. provenienzellen Faktor sogar entkoppeln.

«... zu Schlesien bekennen ...«

Als Anfang der siebziger Jahre bereits die zweite Vertriebenengeneration herangewachsen war, machte sich der damalige BdV-Generalsekretär Hans Neuhoff im BdV-Organ *Deutscher Ostdienst* Gedanken darüber, wie die Vertriebenen(kultur)arbeit künftig zu gestalten sei. Er vertrat die Position, dass, wenn es nicht gelinge, den »Respekt vor den deutschen kulturellen Leistungen« in den »Ostgebieten des Reiches und in den sonstigen Vertreibungsgebieten« im Bewusstsein der »jungen Generation wie auch der Erwachsenen« zu halten, automatisch auch »jedes Interesse an der ostdeutschen Frage«[10] erlahmen werde. Als besonderen Schwerpunkt für die Kulturarbeit der Landsmannschaften im Jahr 1973 stellte Neuhoff die Schulung der Jugendlichen heraus. Es müsse sichergestellt werden, dass »die Deutschen mit fundiertem Wissen ausgestattet« seien und dass ihr »Blick für die Verfremdung der historischen Tatsachen durch die andere Seite« geschärft werde. Die Jugend werde durch »Fahrten in die Ostgebiete auch mehr Verständnis für die schicksalhaften Erlebnisse ihrer Eltern, für deren Heimatbewusstsein und für das Anliegen der deutschen Selbstbehauptung aufbringen«.[11]

---

9   Vgl. Schenckendorff 1998, B 1 § 7 BVFG, S. 111.
10 »Ostdeutsch« wird in den Vertriebenenverbänden als Synonym für die ehemaligen deutschen Ostgebiete verwendet, die DDR hingegen als »Mitteldeutschland« bezeichnet.
11 Hans Neuhoff: 1973 – ein Jahr großer Aufgaben, in: Deutscher Ostdienst, Nr. 1 vom 10. Januar 1973.

Einen sehr ähnlichen Standpunkt nahm gut ein Jahr später an gleicher Stelle der damalige BdV-Präsident Herbert Czaja ein. Der BdV brauche Jugendgruppen, die sich mit der »ostdeutschen Geschichte, mit der Kultur der Nachbarn, mit der europäischen Zukunft kontinuierlich« befassen. Daneben müsse »auch jeder einzelne von uns einen sehr ernsten Erziehungsweg bei unseren Kindern und Jugendlichen antreten«. Die größte Sorge sei dabei das Fehlen von Jugendleitern, die »unsere Jugend in zeitgemäßer Form« ansprechen könnten. Desto ernster seien die in der Kulturarbeit verdienten Mitarbeiter mittlerer und älterer Jahrgänge dazu aufgerufen, sich die »Schulung und die Hilfen für solche Jugendleiter als eines der Hauptziele ihrer Arbeit« zu setzen. »Kein Rückschlag – und es wird viele Rückschläge geben – darf uns zur Resignation führen.«[12]

Neuhoff und Czaja steckten mit ihrer Forderung nach Intensivierung der Jugendarbeit und nach politischer Qualifizierung der Jugendlichen den organisatorischen Rahmen für die Jugendpolitik der Vertriebenenverbände ab. Implizit geben sie durch Verweise auf die »ostdeutsche Frage«, auf »historische Tatsachen«, »Heimatbewusstsein« und »ostdeutsche Geschichte« bereits den politischen Rahmen vor, in dem die Arbeit von Jugendlichen in den Vertriebenenverbänden bzw. für sie stattfinden soll. Ebenfalls angedeutet ist das Verhältnis von Kulturarbeit auf der einen und Jugendarbeit auf der anderen Seite: Ein Durchdringungsverhältnis von besonderer Bedeutung, da auf dem Feld der Kulturarbeit die »zweite Schlacht um den deutschen Osten« stattfinde, wie Neuhoff betonte.[13]

Einer der bekanntesten Vertriebenenpolitiker, Herbert Hupka, brachte den scheinbaren Widerspruch einer Verjüngung der Vertriebenenverbände bereits 1981 im *Schlesier* auf den Punkt. Je länger die Umsiedlung währe, umso geringer werde die Zahl derer, die »noch in Schlesien geboren worden« seien und »entscheidende Jahre in Schlesien« gelebt hätten. Darum sei es richtig, dass sich »die Landsmannschaft Schlesien als Landsmannschaft für Schlesien« verstehe. Es bedürfe, so Hupka, nicht »der Herkunft aus Schlesien, um für Schlesien tätig sein zu können«.[14]

In einem Leserbrief an die Tageszeitung *Die Welt* aus dem Juni 1984 wird Hupka noch präziser in Bezug auf die Voraussetzungen, die für die Arbeit in den Vertriebenenverbänden erfüllt sein müssen. Er betont, dass die Landsmannschaft Schlesien sich als Zusammenschluss »von bereits drei Generationen« verstehe, wobei gleiches

12   Herbert Czaja: Die Vertriebenenverbände arbeiten zielstrebig weiter, in: Deutscher Ostdienst, Nr. 12 vom 30. April 1974.
13   Vgl. Hans Neuhoff: Große Aufgaben warten auf Lösung, in: Deutscher Ostdienst, Nr. 12 vom 30. April 1973.
14   Herbert Hupka: Schlesien – wo liegt das?, in: Der Schlesier, Nr. 24/25 vom 12. Juni 1981.

»im übertragenen Sinne auch für die anderen Landsmannschaften« gelte. Als erstes seien da die »Geburtsschlesier, die den größten Teil ihrer Jahre noch in Schlesien« gelebt hätten. Ihre Zahl nehme »schon aus biologischen Gründen mehr und mehr ab«. Hinzu kommen die »Abstammungsschlesier, aus schlesischer Wurzel stammend, die Mehrzahl der Jahre, wenn überhaupt noch in Schlesien geboren, wurden schon hier verbracht«. Und schließlich noch die »Bekenntnisschlesier«: »Mitbürger vor allem der jungen Generation, die sich als Angehörige unseres deutschen Volkes zu Schlesien bekennen und als Demokraten gegen die Realitäten des Unrechts, wie sie von Diktaturen geschaffen worden sind, aufbegehren.«[15]

Hierin zeigt sich gleichermaßen die erstrebte moralische Legitimierung der Verjüngung der Vertriebenenverbände wie die Funktionalisierung der Jugend. Mit einer schon fast ungewöhnlichen Deutlichkeit und Offenheit war in der *Sudetendeutschen Aktion* Ende 1958 noch genauer erläutert worden, welche Funktion die Organisierung von Jugendlichen bei den Vertriebenenverbänden hat: »Die Aufgaben der ‚Heimatpolitik', der ‚Propaganda', der ‚psychologischen Kampfführung' können im wesentlichen von wenigen Menschen, von Gruppen von Fachleuten und von Führungsgremien gelöst werden. Alles aber bleibt umsonst, wenn im Zeitpunkt der Entscheidung eine disziplinierte junge Generation fehlt, die bereit ist, sich persönlich dafür einzusetzen. Die Volksgruppe wird absterben, wenn es nicht in absehbarer Zeit gelingt, diese junge Generation zu aktivieren. [...] Wir dürfen die Augen vor keiner Eventualität verschließen. Die Heimat wird uns nicht geschenkt. Wir haben tausend Jahre Deutschtum in den böhmischen Ländern verspielt, wenn es nicht gelingt, eine für jeden Fall einsatzbereite, gründlich geschulte und ausgebildete junge Generation zu schaffen.«[16]

Binnenstruktureller Wandel

Unabhängig von dieser politischen Vorgabe kann es als Faktum gelten, dass die Massenbasis der Vertriebenenverbände in der Gegenwart zusehends, wenn auch langsam, aus biologischen Gründen schwindet und die Rekrutierung von Nachwuchs nur relativ geringen Erfolg mit sich bringt. Entgegen der Situation der 1950er und 1960er Jahre, als die Vertriebenenverbände allein durch ihre Masse wahlpolitisch Druck ausüben konnten und sie diese folglich für die Umsetzung ihrer die (innenpolitische) In-

---

15 Herbert Hupka: Landsmannschaften heute, Leserbrief in: Die Welt vom 21. Juni 1984.
16 O.V.: Welche Aufgaben stehen nun vor uns und wie kann ein jeder mitwirken, damit die Heimat nicht endgültig verloren geht?, in: Sudetendeutsche Aktion. Mitteilungen der jungen Generation, November-Ausgabe 1958.

tegration betreffenden Forderungen auch benötigten, ist dieses quantitative Potenzial in der Bundesrepublik aufgrund der gegenwärtig primär außenpolitischen Ausrichtung der Vertriebenenverbände allerdings auch obsolet geworden.[17] Denn der Übergang von einem innen- zu einem außenpolitischen Interessenverband hat insofern eine große Bedeutung, als die Vertriebenenverbände heute nicht mehr in erster Linie als Massenorganisationen konzipiert sind, sondern mehr und mehr einen binnenstrukturellen Wandel hin zu Elitenverbänden durchlaufen. Die Jugendorganisationen spielen dabei eine besondere Rolle, weil ihre Funktion nicht mehr in einer quantitativen Rekrutierung einer möglichst großen Masse besteht, sondern in der qualitativen Schulung und Ausbildung einer kleinen Führungselite insbesondere für die außenpolitische Arbeit. Dieser grundlegende Wandel erklärt sich aus der Entwicklung der Vertriebenenprogrammatik der letzten Jahrzehnte.

Die Vertriebenenorganisationen hatten zwar von Beginn an eine außenpolitische Ausrichtung, waren jedoch in den ersten Jahren nach Ende des Zweiten Weltkriegs eher um innenpolitische Konsolidierung der eigenen Strukturen und finanzielle Alimentierung durch die Bundesrepublik bemüht. Die zu diesem Zweck existierenden Verbände mit explizit ökonomischer und sozialpolitischer Schwerpunktsetzung verloren jedoch im Kontext der Aufnahme und Integration der Flüchtlinge bis Mitte/Ende der 1950er Jahre zusehends an gesellschaftlicher und vor allem politischer Bedeutung.[18] Einhergehend mit der abschließenden Integration der Umsiedler in das bundesdeutsche Wirtschafts- und Sozialgefüge begannen die Landsmannschaften mit ihrer außenpolitischen Zielrichtung (»Recht auf die Heimat«) die Konzepte und politischen Leitlinien der Vertriebenenverbände zu dominieren.[19] Der gegenwärtig gut zwei Millionen Mitglieder zählende Bund der Vertriebenen knüpft bis heute an diese Ausrichtung an, wobei seit Ende der 1960er Jahre eine Ausdifferenzierung des außenpolitischen Ansatzes stattgefunden hat.

In Konkurrenz zu dem zumeist mit dem Etikett »revanchistisch« versehenen gebietsrevisionistischen Konzept entwickelte sich seitdem ein verstärkt auf völkisch Momente ausgerichtetes Modell. Erst genanntes orientierte auf eine staatlich-territoriale Eingliederung der ehemaligen deutschen Ostgebiete in den bundesdeutschen Staats-

---

17 Vgl. hierzu ausführlich: Samuel Salzborn: Heimatrecht und Volkstumskampf. Außenpolitische Konzepte der Vertriebenenverbände und ihre praktische Umsetzung. Mit einem Vorwort von Wolfgang Kreutzberger, Hannover 2001.
18 Vgl. Manfred Max Wambach: Verbändestaat und Parteienoligopol. Macht und Ohnmacht der Vertriebenenverbände, Stuttgart 1971, S. 41ff.
19 Vgl. Michael Imhof: Die Vertriebenenverbände in der Bundesrepublik Deutschland. Geschichte, Organisation und gesellschaftliche Bedeutung (Diss.), Marburg 1975, S. 123ff.

verband, während letzt genanntes auf eine völkisch-kulturelle Durchdringung der osteuropäischen Nationalstaaten setzt. Im Zuge der osteuropäischen Transformation 1989/90 und im Kontext der endgültigen Anerkennung der Oder-Neiße-Grenze haben sich dann die völkischen Konzepte in den Vertriebenenverbänden und auch ihren Jugendorganisationen durchgesetzt. Seither wird die umfassende Realisierung von europäisch gesicherten Volksgruppenrechten für deutsche Minderheiten in Osteuropa erstrebt.

Die Ideologie der Vertriebenenverbände basiert dabei auf der Annahme der Ungleichheit der Menschen.[20] Diese wird zumeist unter Rückgriff auf kulturalistische bzw. ethnopluralistische Konzepte zu begründen versucht, wobei völkisch definierten Kollektiven die den Menschen prägenden Kräfte zugeschrieben werden. Unter Bezugnahme auf den Herderschen Volksbegriff wird das Gleichheitspostulat der Französischen Revolution abgelehnt. Innenpolitisch artikuliert sich diese Gesellschaftsvorstellung als völkischer Nationalismus, dem ethnisch fundierte Exklusionsvorstellungen zu Grunde liegen. Außenpolitisch kehrt sich dieses Konzept in einen völkischen Partikularismus, dessen Ziel die Parzellierung osteuropäischer Nationalstaaten in völkisch definierte, regional strukturierte subnationale Einheiten darstellt: »Wenn jetzt, in einer Zeit des Umbruchs und des Wandels in Osteuropa, nicht die Möglichkeit zu einer weitreichenden deutschen Volksgruppenpolitik und Förderung damit verbundener Autonomiebestrebungen ergriffen wird, kann damit die letzte Chance vertan sein. Wenn das Wort vom ‚Europa der Regionen' nicht nur inhaltsleere Hülse sein soll, dann wäre es an der Zeit, dass die Bundesrepublik endlich konkrete Schritte in die angedeutete Richtung unternimmt. Dazu bedarf es als ersten Schritt einer ‚Südtirolisierung' der alten ostdeutschen Siedlungsgebiete«, schrieb Heinz-Siegfried Strelow Ende 1992 im *Ostpreußenblatt*, dem Organ der Landsmannschaft Ostpreußen. Die »starren Grenzen« seien, so Strelow, »ins Schwimmen« geraten, weshalb nicht mehr von »endgültigen Grenzen« gesprochen werden könne. Es gehe nicht um eine »‚Heim-ins-Reich'-Politik«, die »weder machbar« sei, noch von »diplomatischem Gespür« zeuge, sondern um »die Tatsache«, dass »überall das ethnische, das nationale Prinzip wieder einen zentralen Platz in der Politik und im Empfinden der Menschen« einnehme. Strelow fragt rhetorisch, ob »nicht eine autonome, mit weitreichenden Selbstverwaltungsmöglichkeiten der Deutschen ausgestattete Region Oberschlesien oder Masuren der zwischenzeitlich beste Garant« für eine wirtschaftliche und ökologische Aufwärtsentwicklung wäre: »Und ließe sich nicht im Rahmen einer solchen

---

20 Vgl. zur Ideologie der Vertriebenenverbände ausführlich: Samuel Salzborn: Grenzenlose Heimat. Geschichte, Gegenwart und Zukunft der Vertriebenenverbände, Berlin 2000, S. 131ff.

Föderalisierung Polens das sensible Thema des Heimatrechts der Vertriebenen am ehesten realisieren?«[21]

Funktion der Vertriebenenjugendarbeit

Zur Umsetzung ihrer völkischen Europakonzepte erstreben die Vertriebenenverbände eine umfassende Kooperation mit den deutschen Volkstumsverbänden in Osteuropa. Der wichtigste Grund für diese Kooperation ist bevölkerungspolitischer Natur.[22] Denn die einstige Massenbasis der Vertriebenenverbände in der Bundesrepublik wird heute als bevölkerungspolitische Komponente im Ausland benötigt, die politische Fakten auf substaatlich-kultureller Ebene schaffen soll. Die Menschen, die nicht (als Aussiedler) in die Bundesrepublik kommen, sondern (als Angehörige deutscher Volksgruppen) innerhalb von nichtdeutschen Staaten umsiedeln oder schlicht dort bleiben, fungieren als Basis für entsprechende Bestrebungen und damit zur praktischen Umsetzung des von den Vertriebenenverbänden geforderten »Rechtes auf die Heimat«. Für die praktische Arbeit der Vertriebenenverbände bedarf es in diesem Rahmen der Bereitstellung von »Führungsnachwuchs«, wie es der Sprecher der Landsmannschaft Ostpreußen, Wilhelm von Gottberg, formulierte.[23] Diese »Vertriebenen« der »Bekenntnisgeneration« schlüpfen in die Führungsrolle in ihren Verbänden in der Bundesrepublik und übernehmen gleichzeitig außenpolitisch die für die Vertriebenenarbeit zentrale Aufgabe: die Reorganisation deutscher Volksgruppen in den osteuropäischen Staaten. Die Vertriebenenjugend, der durchaus die biografische Verbindung zu den ehemaligen deutschen Ostgebieten gänzlich fehlen kann, soll sich in Zukunft um die politische Linie und theoretische Entwicklung der Vertriebenenverbände kümmern und zudem das Gros an Funktionären stellen, die auch in Osteuropa aktiv für die Vertriebeneninteressen eintreten.

So zeigt sich eine deutliche Verjüngung der Funktionsträger der Vertriebenenverbände in nahezu allen politisch relevanten Bereichen, etwa auch auf dem publizistischen und kulturellen Feld. Zugleich verstärken die Vertriebenenjugendorganisationen ihre konkreten Schulungsaktivitäten, zu denen in den letzten Jahren neben zahlreichen Fahrten in die ehemaligen deutschen Ostgebiete unter anderem auch Konferenzen, Tagungen und Seminare zu zeitgeschichtlichen, politischen und kulturellen Themen

---

21 Heinz-Siegfried Strelow: Regionalismus als eine neue Zwischenstufe?, in: Das Ostpreußenblatt, Folge 39 vom 26. September 1992.
22 Vgl. Salzborn 2001, S. 221ff.
23 Vgl. Wilhelm von Gottberg: »Wir müssen jetzt handeln!«, in: Das Ostpreußenblatt, Folge 49 vom 5. Dezember 1998.

gehörten. Alle einflussreichen Landsmannschaften verfügen über eine eigene zum Teil gut ausgebaute Jugendstruktur, wie auch der Dachverband BdV eine eigene Jugendorganisation unterhält. Auch wenn der Übergang auf der Ebene der Funktionsträger in den Vertriebenenverbänden zur zweiten, dritten oder auch zur so genannten Bekenntnisgeneration bei gleichzeitigem Schwinden der Massenbasis zu einem bisweilen moderateren Ton in den offiziellen Verbandsverlautbarungen geführt hat, zeigt sich nichts desto trotz eine verbandspolitische Kontinuität hinsichtlich eines positiven Traditionsverständnisses, wie auch die völkischen Forderungen gegenüber den osteuropäischen Staaten nach wie vor zur essentiellen Programmatik der Vertriebenenverbände gehören. Die Jugendarbeit ist inzwischen ein festverankerter Pfeiler der Verbändestruktur der Vertriebenenorganisationen geworden, in der kulturell-folkloristisches mit politischem Engagement verknüpft wird. Als Massenorganisationen steht den Vertriebenenverbänden dabei zwar keine allzu gesicherte Zukunft bevor, jedoch als Elitenverbänden. Und die Jugendarbeit sichert die Fortexistenz einer Verbandsstruktur, die sich auf eine mehr als zweifelhafte sozialstrukturelle Legitimation stützt und deren politische Programmatik einem auf Zusammenarbeit und Kooperation angelegten europäischen Integrationsprozess nicht gerade zuträglich sein dürfte. Denn der »Generationswechsel ist kein Gesinnungswechsel«, wie die *tageszeitung* in einem Bericht über die Nachwuchsvertriebenen vor einigen Jahren treffend formulierte.[24]

---

24 Vgl. Uta Andresen: »Recht auf Heimat« und Heimatverbliebene, in: die tageszeitung vom 8. September 1997.

Die Beneš-Dekrete und die EU-Osterweiterung

Geschichtspolitische Kontroversen zwischen Aufarbeitung und Verdrängung der Vergangenheit

Mitte Juni 2003 haben die Bürger/innen der Tschechischen Republik in einem Referendum über den Beitritt ihres Landes zur Europäischen Union (EU) entschieden. Die von Seiten der EU für diesen Beitritt aufgestellten Bedingungen waren im Vorfeld klar formuliert: die Verzögerungen bei der Anpassung der Wirtschaft an den EU-Binnenmarkt müssen ausgeglichen, Korruption und Wirtschaftskriminalität verstärkt bekämpft und die Integration und Gleichstellung von Minderheiten weiter forciert werden.
Eine in den vergangenen Monaten immer wieder öffentlich artikulierte Forderung fehlte hingegen im Katalog der EU: die nach Aufhebung der so genannten Beneš-Dekrete. Lediglich eine politische Geste zum Komplex von Flucht und Vertreibung der Deutschen infolge des Nationalsozialismus und des Zweiten Weltkriegs wurde von der Tschechischen Republik erwartet, jedoch auch nicht zur essentiellen Bedingung gemacht. Damit folgte die EU nicht der in Deutschland und Österreich über Monate hinweg vor allem von konservativer und rechtsextremer Seite erhobenen Forderung, die Dekrete müssten aufgrund ihres angeblich noch in der Gegenwart wirksam werdenden diskriminierenden Charakters aufgehoben werden, da sie gegen den europäischen Wert- und Normkonsens verstoßen würden.
Die juristisch und politisch verbindliche Entscheidung, dass die Dekrete kein Beitrittshindernis für die Tschechische Republik darstellen, beinhaltete keine Stellungnahme zu historischen Fragen im engeren Sinne. Jedoch zeigt ein Blick auf die zeitgeschichtliche Kontroverse um die Beneš-Dekrete, dass hier zumindest implizit auch um die Frage des Umgangs mit der nationalsozialistischen Vergangenheit im künftig erweiterten Europa gestritten wurde. Das Ergebnis dieser Kontroverse kann, so viel sei an dieser Stelle bereits vorweg genommen, als eine Absage an geschichtsrevisionistische Tendenzen gewertet werden. Von ihm könnten positive Impulse für eine gemeinsame europäische Zukunft ausgehen, da die Vergangenheit nicht auf dem Altar der tagespolitischen Kontroversen geopfert wurde.

Die Debatte und ihre Hintergründe

Seinen Ausgangspunkt hatte der Streit um die tschechoslowakische Dekretalgesetzgebung der Kriegs- und Nachkriegszeit in einem Interview, das der damalige tschechische Ministerpräsident Miloš Zeman Anfang 2002 dem österreichischen Nachrichtenmagazin *profil* gegeben hatte. In diesem Interview hatte Zeman die Sudetendeutschen als »fünfte Kolonne Hitlers« bezeichnet, deren Funktion in der Zerstörung der Tschechoslowakei als »einzige Insel der Demokratie in Mitteleuropa« bestanden habe. Überdies erklärte der tschechische Premier, dass die Ausweisung der Sudetendeutschen aus der Tschechoslowakei legitim gewesen sei, weil ein Großteil dieser vor dem Überfall der Nazis die tschechoslowakische Staatsbürgerschaft inne gehabt und sich somit des Landesverrats schuldig gemacht habe – »ein Verbrechen, das nach dem damaligen Recht durch die Todesstrafe geahndet wurde. Auch in Friedenszeiten.« Wenn die Sudeten also »vertrieben oder transferiert worden sind«, so Zeman, »war das milder als die Todesstrafe.«[1]

Auch in der Tschechischen Republik wurde daraufhin debattiert, ob die verbale Deutlichkeit dieser Aussage angemessen war. Unabhängig davon lässt sich konstatieren, dass Zeman mit seinem Hinweis auf die aktive Stützung des NS-Regimes durch die große Mehrheit der Sudetendeutschen lediglich eine knappe Zusammenfassung des *common sense* der historischen Forschung zu dieser Frage bot – und zwar gleichermaßen der Erkenntnisse auf deutscher wie auf tschechischer Seite: Bereits lange vor dem Einmarsch der deutschen Truppen infolge des Münchener Abkommens von 1938 betrieben viele Sudetendeutsche eine massive völkische Destabilisierungs- und Unterminierungspolitik der tschechoslowakischen Souveränität.[2] Und auch wenn Zemans Formulierungen für die Betroffenen hart, schmerzlich und zweifellos auch missverständlich gewesen sein mögen, so handelte es sich bei ihnen zunächst auch um einen zutreffenden Hinweis auf die seinerzeitige tschechoslowakische Rechtslage.

Dass das Zeman-Interview den Anlass für eine öffentliche Debatte über Flucht und Vertreibung der Deutschen aus der Tschechoslowakei darstellte, dürfte seine Ursache jedoch weniger im Inhalt, denn im zeitlichen Kontext des Interviews im Vorfeld der EU-Erweiterungsverhandlungen gehabt haben. Denn die tschechische Position zu diesen Fragen war seit geraumer Zeit bekannt, ebenso wie die der Vertriebenenverbände: während auf tschechischer Seite die generelle Legitimität und Legalität der Enteignung und Ausweisung der deutschen Minderheit aufgrund ihrer mehrheitlich illoyalen Haltung gegenüber der tschechoslowakischen Demokratie betont sowie auf den kausalen Zusammenhang zur vorangegangenen NS-Volkstums- und Vernich-

---

1 Miloš Zeman: »Populistischer Pro-Nazi-Politiker«, Interview in: profil v. 21. Januar 2002, S. 25.
2 Vgl. Gemeinsame deutsch-tschechische Historikerkommission: Konfliktgemeinschaft, Katastrophe, Entspannung. Skizze einer Darstellung der deutsch-tschechischen Geschichte seit dem 19. Jahrhundert, München 1996, S. 37ff.

tungspolitik hingewiesen wird, betonen die Vertriebenenverbände – zumeist unter weitgehender oder kompletter Ausblendung der nationalsozialistischen Vorgeschichte – den menschenrechtswidrigen Charakter von Vertreibungen und Bevölkerungstransfers im allgemeinen und weisen auf die Gewalttaten und Exzesse hin, zu denen es während Flucht und Vertreibung gekommen ist.

Da durch die EU-Osterweiterung jedoch die tschechische Rechtsordnung in den europäischen Kontext integriert werden wird, waren die Äußerungen Zemans ein willkommener Anlass für die Vertriebenenverbände in Deutschland und Österreich, um die tschechische Position anzugreifen und zu versuchen, mit der erwünschten Abschaffung der Beneš-Dekrete auch den missliebigen tschechischen Hinweis auf Ursachen und Kontexte von Flucht und Vertreibung der Deutschen aus dem europäischen Gedächtnis zu streichen. Denn so lange mit den Beneš-Dekreten (und mit dem Potsdamer Abkommen) rechtliche Grundlagen existieren, die auf den ursächlichen Zusammenhang von NS-Volkstumspolitik, Massenvernichtung der europäischen Juden und der späteren Flucht und Vertreibung der Deutschen aus dem Osten hinweisen, so lange wird auch die von Vertriebenenseite gewünschte Interpretation der Geschichte keine Chance haben, in der das Opfer-Täter-Verhältnis zugunsten der Deutschen umgedreht wäre.[3]

Die Rechnung schien zumindest in Deutschland und Österreich zunächst aufzugehen. Der innenpolitische Druck auf Bundeskanzler Gerhard Schröder war im Vorfeld der Bundestagswahl so groß, dass er einen fest geplanten Besuch der Tschechischen Republik verschob. Die Beneš-Dekrete avancierten in Österreich sogar zu einem Top-Thema im Wahlkampf zur vorgezogenen Nationalratswahl. Und obgleich es der bundesdeutschen Regierung relativ geschickt gelang, sich einer deutlichen politischen Stellungnahme zum Thema zu enthalten, um dem Unionskanzlerkandidaten Edmund Stoiber nicht Munition für seinen Wahlkampf zu liefern, waren doch sowohl in überregionalen wie regionalen Tageszeitungen über Monate hinweg in steter Regelmäßigkeit Beiträge mit negativem Tenor zu den Beneš-Dekreten zu lesen. Erstaunlicherweise kam diese mediale Parteinahme zugunsten der Vertriebenenpositionen jedoch weitgehend ohne Fakten aus, d.h. es wurden zwar die Vorwürfe der Vertriebenenverbände in epischer Breite reproduziert, jedoch zumeist ohne hinreichende historische Fundierung: Ebenso selten, wie Historiker/innen in der Debatte überhaupt zu Wort kamen, fand eine Auseinandersetzung mit den *realen* Inhalten der Dekrete statt; der gegen Zeman geäußerte Verdacht der Menschenrechtsverletzung

---

3 Vgl. Samuel Salzborn: Opfer, Tabu, Kollektivschuld. Über Motive deutscher Obsession; in: Michael Klundt et al.: Erinnern, verdrängen, vergessen. Geschichtspolitische Wege ins 21. Jahrhundert, Giessen 2003, S. 17ff.

und das von Vertriebenenseite geschürte Ressentiment genügten offenbar für eine emotionsgeladene Vorverurteilung.[4]

Die Dekrete, konkurrierende Rechtspositionen und eine »Gutachtenschlacht«

Die Dekrete müssten deshalb aufgehoben bzw. abgeschafft werden, so die zentrale Argumentation von konservativer Seite, weil sie die Ausweisung und Enteignung der deutschen Minderheit aus der Tschechoslowakei infolge von Nationalsozialismus und Zweitem Weltkrieg reglementiert hätten. Richtig daran ist, dass sich unter den Dekreten, die Edvard Beneš in Vereinbarung mit der tschechoslowakischen Regierung zunächst im Londoner Exil, später dann auf dem Gebiet der wieder befreiten Tschechoslowakei als Staatspräsident im Zeitraum von Juli 1940 bis Oktober 1945 erlassen hat, auch solche finden, die den Umgang mit der deutschen Minderheit zum Gegenstand haben.

In einem Memorandum hatte die tschechoslowakische Exilregierung Ende 1944 gegenüber den Alliierten auf die Notwendigkeit der Aussiedlung der deutschen Minderheit aus der Tschechoslowakei hingewiesen und sie damit begründet, dass diese mit allen Mitteln aktiv daran gearbeitet hätte, die Tschechoslowakei zu zerstören und dass sie überdies auch eine Gefahr für den künftigen Frieden in Europa darstellen würde.[5] Die Alliierten stimmten dieser Auffassung grundsätzlich zu und bei der Potsdamer Konferenz wurde ebenfalls Einigkeit in dieser Frage erzielt, wobei schließlich das Potsdamer Abkommen die Umsiedlung der in Polen, der Tschechoslowakei und Ungarn noch verbliebenen Deutschen völkerrechtlich verbindlich festlegte.

Die vor diesem Hintergrund für die deutsche Minderheit relevanten tschechoslowakischen Verfassungsdekrete beinhalteten unter anderem Regelungen über die Ungültigkeit einiger vermögensrechtlicher Rechtsgeschäfte aus der NS-Zeit sowie die »nationale Verwaltung der Vermögenswerte« (Dekret Nr. 5 vom 19. Mai 1945), die Bestrafung der nazistischen Verbrecher (Dekret Nr. 16 vom 19. Juni 1945), die Konfiskation und Aufteilung des landwirtschaftlichen Vermögens der Deutschen (Dekret Nr. 12 vom 21. Juni 1945) sowie die Konfiskation des »feindlichen Vermögens« (Dekret Nr. 108 vom 25. Oktober 1945) und die Regelung der tschechoslowakischen Staatsbürger-

---

4 Grundlage dieser Einschätzung ist die systematische Auswertung der bundesweiten Tagespresse sowie eine stichprobenhafte Analyse verschiedener regionaler Tageszeitungen hinsichtlich der Berichterstattung zum Thema Beneš-Dekrete in den auf das Zeman-Interview in *profil* folgenden sechs Monaten.
5 Vgl. Václav Král (Hg.): Die Deutschen in der Tschechoslowakei 1933–1947, Praha 1964, S. 538ff.

schaft (Dekret Nr. 33 vom 2. August 1945). Letzteres erkannte den Deutschen die tschechoslowakische Staatsbürgerschaft ab, wobei Personen, die für die Befreiung der Tschechoslowakei gekämpft oder anderweitig antifaschistische Arbeit geleistet hatten, hiervon explizit ausgenommen wurden. Der Linzer Historiker Hans Hautmann hat in diesem Zusammenhang darauf hingewiesen, dass der gegen die Dekrete immer wieder erhobene Vorwurf einer Kollektivschuldthese auch im Lichte der Tatsache zurecht gerückt werden müsse, dass rund 500.000 Deutsche die Tschechoslowakei tatsächlich nicht verlassen mussten, was rund 15 Prozent der Sudetendeutschen entsprach. Auch wenn es, so Hautmann, absurd wäre anzunehmen, hierbei habe es sich ausnahmslos um antifaschistische Widerstandskämpfer/innen gehandelt, waren diese Menschen offenbar diejenigen, die sich der Forderung, ihre Unschuld glaubwürdig nachzuweisen, tatsächlich stellten – im Gegensatz zu den übrigen 85 Prozent, die dies nicht taten oder tun konnten, sei es, weil sie zu den rund 750.000 Menschen gehörten, die bereits von Mai bis August 1945 von »wilden Vertreibungen« betroffen waren oder sei es, weil ihnen die »Aussichtslosigkeit eines Beweises der Nichtverstrickung in die Untaten des NS-Regimes oder des Profitierens unter seiner Herrschaft bewusst war.«[6] Die rechtliche Fixierung der Ausweisung selbst war dabei jedoch dem Potsdamer Abkommen vorbehalten geblieben – eine entsprechende Passsage findet sich weder in den Präsidialdekreten noch in irgendeinem anderen tschechoslowakischen Gesetz.

Der eigentliche politische und historische Kern der tschechoslowakischen Verfassungsdekrete war jedoch ohnehin ein gänzlich anderer, da sich nur ein geringer Teil der insgesamt 143 Dekrete überhaupt unmittelbar auf die Angehörigen der deutschen Minderheit bezieht: »Ziel der Dekretalgesetzgebung war zunächst die Behauptung der Kontinuität der tschechoslowakischen Staatlichkeit über das Münchner Abkommen und die Zerschlagung der Tschechoslowakei hinaus: nichtig wurde – in den Worten von Beneš – alles, was ‚uns durch Drohung, Terror und Gewalt aufgezwungen wurde'.«[7] Die Pläne von Beneš waren somit, wie der Bremer Osteuropahistoriker Jan Pauer betont, primär vom Erhalt der staatlichen Kontinuität und von der Sicherung der Zukunft getragen.[8] Sämtliche vom Staatspräsidenten erlassenen Dekrete wurden

---

[6] Hans Hautmann: Über einige Hintergründe der Auseinandersetzung um die Beneš-Dekrete; in: Peter Gstettner et al.: Die Mühen der Erinnerung. Nachhaltiges Lernen durch Aufarbeiten der »dunklen Vergangenheit«, Bd. 2, Wien 2002, S. 103f.

[7] Karl-Peter Schwarz: Mit der Vertreibung vollendet; in: Frankfurter Allgemeine Zeitung v. 1. Juni 2001.

[8] Vgl. Jan Pauer: Das geringere Leid. Zur Umsiedlung der Sudetendeutschen gab es keine Alternative; in: Süddeutsche Zeitung v. 5. Juni 2002.

ein halbes Jahr, nachdem die Provisorische Nationalversammlung der Tschechoslowakei im Oktober 1945 zusammengetreten war, von dieser für gesetzeswirksam erklärt. Die heutige tschechische Rechtsauffassung zu der Kriegs- und Nachkriegsgesetzgebung geht davon aus, dass die Dekrete verfassungskonform erlassen sowie ratifiziert worden sind und deshalb einen gültiger Bestandteil der tschechischen Rechtsordnung darstellen – allerdings ohne in der Gegenwart noch rechtliche Wirksamkeit zu entfalten, da sie als durch Zeitablauf erledigt angesehen werden (»totes Recht«). Nach Auffassung der Tschechischen Republik gelten die Dekrete als politisch bzw. historisch legitim und rechtlich legal, wobei dies nicht immer für die Praxis gegolten habe, in der man sich auf diese Dekrete berufen habe.[9]

Im Gegensatz zu der in hohem Maße unsachlich geführten Debatte in der deutschen und österreichischen Öffentlichkeit nahmen die europäischen Institutionen ihre politische Verantwortung wahr und gaben eine Untersuchung zur Vereinbarkeit der Beneš-Dekrete mit dem *acquis communautaire* (»gemeinschaftlicher Besitzstand« – der Gesamtbestand an Rechten und Pflichten, der für alle EU-Mitgliedstaaten verbindlich ist) in Auftrag. In dem offiziellen Gutachten des Europäischen Parlaments gelangten die international renommierten Völkerrechtler Jochen Frowein, Ulf Bernitz und Lord Christopher Kingsland zu dem Schluss, dass die Dekrete nicht im Widerspruch zur Rechtsordnung der EU stünden, folglich nicht aufgehoben werden müssten und somit auch kein Hindernis für den tschechischen EU-Beitritt darstellten. Allerdings sollte die Tschechische Republik einige Folgen des so genannten Straffreiheitsgesetzes vom 8. Mai 1946 öffentlich bedauern, nach dem Handlungen zum Zweck der Befreiung der Tschechoslowakei im Zeitraum vom 30. September 1938 bis zum 28. Oktober 1945 auch dann nicht als widerrechtlich anzusehen waren, wenn sie sonst nach den geltenden Vorschriften strafbar gewesen wären.[10] Zu einem identischen Ergebnis gelangte auch das Gutachten der Europäischen Kommission, das ebenfalls feststellte, dass sich aus der Sicht des *acquis communautaire* in Bezug auf die Beneš-Dekrete keine Hindernisse für den Beitritt der Tschechischen Republik ergeben würden.[11]

Infolge des Gutachtens des Europäischen Parlaments legte auch die Sudetendeutsche Landsmannschaft ein von Dieter Blumenwitz verfasstes Gutachten vor und die (die Vertriebenenpositionen weitgehend teilende) Bayerische Staatskanzlei eines von Mar-

---

9   Vgl. Samuel Salzborn: Feindbild Beneš; in: Blätter für deutsche und internationale Politik, H. 7/2001, S. 787f.
10 Vgl. Jochen Frowein et al.: Legal Opinion on the Beneš-Decrees and the accession of the Czech Republic to the European Union, Luxembourg 2002.
11 Vgl. European Commission: The Czechoslovak Presidential Decrees in den light of the *acquis communautaire*. Summary findings of the Commission services, Brüssel 2002.

tin Nettesheim und eines von Rudolf Dolzer.[12] Mit diesen – freilich komplett im Widerspruch zu der tschechischen und der europäischen Rechtsauffassung stehenden Gutachten – sollte der Eindruck erweckt werden, es gebe inhaltlich konkurrierende Positionen, die auch juristisch als gleichrangig anzusehen seien. Rechtlich waren und sind diese »Gegengutachten« jedoch belanglos und ihre Veröffentlichung hatte primär das Ziel der öffentlichen Verwirrung.

Denn diese »Gegengutachten« waren weder von einer der Institutionen in Auftrag gegeben worden, die eine unmittelbare Mitsprachekompetenz im Rahmen der EU-Osterweiterung hat, noch sind sie nachträglich zu offiziellen Dokumenten geworden. Und auch wenn Dolzer, Nettesheim und – mit einigen Abstrichen – auch Blumenwitz zu den in der Bundesrepublik weithin anerkannten Völkerrechtlern zählen, repräsentieren ihre Gutachten (neben ihrer subjektiven Rechtsinterpretation) lediglich Meinungen derjenigen Institutionen bzw. Organisationen, die sie in Auftrag gegeben und sich zu eigen gemacht haben. Da sie aber öffentlich ebenfalls als Rechtsgutachten firmierten, konnte der Eindruck entstehen, sie hätten eine vergleichbare Rechtsqualität wie die offiziellen Gutachten der EU. Konsequenterweise spielten die in diesen »Gegengutachten« vertretenen Positionen für die Formulierung der gemeinsamen europäischen Position in der Frage der Beneš-Dekrete jedoch keine Rolle. Dass bis in die Gegenwart nichtsdestotrotz immer wieder auch von diesen »Gegengutachten« die Rede ist, soll die moralische Druckkulisse gegenüber der Tschechischen Republik verstärken.

Geschichtspolitische Perspektiven

Seitdem feststeht, dass die Beneš-Dekrete kein Hindernis für den tschechischen EU-Beitritt darstellen, wird von Vertriebenenseite verstärkt die These lanciert, dass auf diese Weise menschenrechtsverachtende Gesetze zum Bestandteil des europäischen Wertekanons werden würden. Hierbei wird jedoch außer Acht gelassen, dass die *heute* in der EU gültigen Menschenrechtsnormen erst einige Jahre nach Ende des Zweiten Weltkriegs erlassen wurden und somit weder rückwirkend Gültigkeit erlangen, noch juristischer Maßstab für eine Politik sein können, die zeitlich vor diesen Verträgen

---

12 Vgl. Dieter Blumenwitz: Entfalten die Beneš-Dekrete und das Gesetz Nr. 115 vom 8. Mai 1946 (Straffreiheitsgesetz) noch heute eine diskriminierende Wirkung, die dem Völkerrecht und dem Recht der Europäischen Union entgegensteht?, Würzburg 2002; Rudolf Dolzer: Die Vertreibung der Sudetendeutschen 1945-1946 und die Beneš-Dekrete im Lichte des Völkerrechts, Bonn 2002; Martin Nettesheim: Der EU-Beitritt Tschechiens: Die Beneš-Dekrete als Beitrittshindernis? Rechtsgutachten erstattet im Auftrag der Staatskanzlei des Freistaats Bayern, Tübingen 2002.

stattfand. Völkerrechtlich bindend war und ist hingegen das Potsdamer Abkommen, in dessen Artikel XIII die Aussiedlung der deutschen Restbevölkerung aus Polen, der Tschechoslowakei und Ungarn verfügt wurde – dass die *realen* gewalttätigen Übergriffe und Exzesse gegen Angehörige der deutschen Minderheiten während Flucht, Vertreibung und Umsiedlung weder politisch intendiert waren, noch im Einklang mit den rechtlichen Vorgaben standen, steht dabei außer Zweifel.

Hinsichtlich der Menschenrechtsfrage gelangt auch der Pariser Politologe und Historiker Jacques Rupnik zu einer eindeutigen Einschätzung: »Es führt kein Weg vorbei an der Erkenntnis, dass ganz Europa 1945 die Menschenrechte missachtete, die erst in der Europäischen Menschenrechtskonvention vom 4. November 1950 festgeschrieben wurden. Muss man daran erinnern, dass Europa darniederlag, verwüstet durch einen Krieg, den der deutsche ‚Drang nach Osten' ausgelöst hatte, und dass es zuvörderst Hitler-Deutschland war, das für den ‚Verlust der Ostgebiete' und das Leid der nach der Niederlage Vertriebenen verantwortlich war?«[13] Überdies sollte in Erinnerung gerufen werden, dass die Menschenrechtskonventionen auf der Ebene des universellen wie des partikulären (in Europa geltenden) Völkerrechts mit ihren genuin individualrechtlichen Konzeptionen auch eine Reaktion auf die NS-Politik waren, die mit ihrem völkisch-kollektiven Volksgruppenansatz auf die völkische Destabilisierung fremder Nationalstaaten (bei Nutzung der dortigen deutschen Minderheiten) gesetzt hatte – wie im Fall der Tschechoslowakei. Die jetzt von Vertriebenenseite verfolgte Menschenrechtsrhetorik fußt jedoch nach wie vor auf einer völkisch-kollektiven Grundlage und legt somit Maßstäbe an die europäische Rechtsordnung an, die dieser in ihrer gegenwärtigen Verfasstheit und Orientierung am Individuum als Rechtssubjekt faktisch widersprechen.

Bei aller Kritik an der konservativen Polemik sollte dennoch nicht vergessen werden, dass zwischen rechtlichen Vorgaben wie dem Potsdamer Abkommen (in dem eine »ordnungsgemäße und humane« Durchführung der Umsiedlung festgelegt worden war) oder den Beneš-Dekreten und der gesellschaftlichen Praxis der Ausweisung der Deutschen oft eine deutliche Differenz bestand: genauso wie zumindest grundsätzlich historische Legitimität und rechtliche Legalität der Ausweisung festgestellt werden können, sind auch die Gewalttaten, Übergriffe und Exzesse zu verurteilen, die in jedem Einzelfall schreckliche Folgen hatten. Denn die »historische Alternativlosigkeit der Umsiedlungen anzuerkennen«, so Jan Pauer treffend, bedeutet keineswegs eine »Rechtfertigung der Kriegsverbrechen, die sie begleiteten.«[14]

---

13 Jacques Rupnik: Das andere Mitteleuropa. Die neuen Populismen und die Politik mit der Vergangenheit; in: Transit. Europäische Revue, H. 23/2002, S. 123.
14 Pauer 2002.

Die in diesem Kontext bestehende Notwendigkeit einer kritischen Reflexion der Vergangenheit sieht man auch in der tschechische Politik: Man hat nicht nur in der Deutsch-Tschechischen Erklärung von 1997 die Exzesse als »im Widerspruch zu elementaren humanitären Grundsätzen und auch den damals geltenden rechtlichen Normen« bedauert, sondern kürzlich mehrfach den Vorschlag geäußert, zu Unrecht enteigneten Angehörigen der deutschen Minderheit eine symbolische Entschädigung zukommen zu lassen. Diese Dialogbereitschaft steht jedoch nicht im Widerspruch zur allgemeinen Zustimmung zu den Beneš-Dekreten: Während das Tschechische Parlament im April 2002 die Dekrete einstimmig für unantastbar und unveränderbar erklärte, halten je nach Meinungsumfrage zwischen 60 und 80 Prozent der tschechischen Bürger/innen diese nach wie vor historisch für notwendig und richtig.

Die von tschechischer Seite vielfach unternommenen Versuche, einen auf aufklärerischen Werten basierenden Dialog mit den Sudetendeutschen über die gemeinsame Vergangenheit zu beginnen, haben diese ebenso oft ausgeschlagen. Und dies muss wohl, wie die Oldenburger Historiker/innen Eva und Hans Henning Hahn herausgearbeitet haben, auf einem spezifischen sudetendeutschen Modell des Erinnerns und Verdrängens beruhen, das die eigene Schuld »vergisst« – während die der anderen ins Unermessliche potenziert werden soll.[15] Dass eine solche die Vergangenheit entkontextualisierende Interpretation nun nicht mehr ihre Projektionsfläche in den Beneš-Dekreten finden kann, ist ein Verdienst der EU. Den Dialog jenseits einer geschichtsrevisionistischen Position fortzusetzen, bleibt jedoch Aufgabe der Zukunft: einer europäischen Zukunft, die sich zumindest in dieser Frage einer kritischen Reflexion der Vergangenheit zuzuwenden scheint.

---

15 Vgl. Eva Hahnová/Hans Henning Hahn: Sudetoněmecká vzpomínání a zapomínání, Praha 2002.

Jan Křen
Nachwort

Es ist vielleicht angebracht, zu Beginn dieses Nachworts darauf zu verweisen, dass sein Verfasser nicht zu denjenigen gehört, die sich erst während der im Jahre 2002 einsetzenden Konjunktur dieser Thematik mit der Problematik der Vertreibung und der Vertriebenenorganisationen zu befassen begannen. Der Vorschlag für die Errichtung des so genannten Zentrums gegen Vertreibungen bewirkte, dass diese Thematik, wie bereits einige Male zuvor, um die Jahreswende 1999/2000 in die deutsche Öffentlichkeit getragen wurde. Etwas später wurde dieses Thema heiß diskutiert, als die Verhandlungen über den Beitritt neuer Mitgliedsländer zur Europäischen Union, insbesondere Polens und der Tschechischen Republik, ihren Höhepunkt erreichten; der Bund der Vertriebenen wollte die Aufnahme Polens und Tschechiens an die Bedingung knüpfen oder zumindest dadurch erschweren, dass die Bevölkerungsverschiebungen der Nachkriegszeit revidiert würden. Ein passender Vorwand ergab sich zu Jahresbeginn 2002 mit einem Interview des damaligen tschechischen Regierungschefs Miloš Zeman, in dem dieser die Sudetendeutschen als fünfte Kolonne innerhalb der Tschechoslowakei vor dem Münchner Abkommen bezeichnete. Diese Aussage war nicht glücklich: Die tatsächliche Fünfte Kolonne, die dem klassischen Modell des bekannten niederländischen Historikers Louis de Jong entsprochen hätte, war die Sudetendeutsche Partei. Es ist bedauerlich, dass der tschechische Demokrat, noch dazu ein Sozialdemokrat, nicht gleich im zweiten Atemzug an die Minderheit der deutschen Antifaschisten erinnerte, deren Widerstand gegen den Nationalsozialismus außerordentlich schwierig gewesen war, da er sich gegen die Mehrheit der eigenen Gesellschaft richtete. Vielleicht sollte man in diesem Zusammenhang ergänzen, dass die folgende tschechische Regierung ein gerade auslaufendes umfangreiches Forschungs- und Bildungsprojekt initiiert und finanziert hat, um gerade die Schicksale dieser Menschen zu dokumentieren und zu ehren. Die Ergebnisse werden im Herbst im Rahmen einer großen Ausstellung präsentiert und fließen in das Museum für die deutsche Minderheit in den Böhmischen Ländern ein. Die Renovierung dessen Gebäudes in Ústí nad Labem lässt unter Umständen schon nicht mehr lange auf sich warten. Von tschechischer Seite wird damit bekräftigt, dass die Deutschen als fester Bestandteil der eigenen Geschichte aufgefasst werden, für den die Tschechen auch Sorge tragen möchten.

Mit dem zeitlichen Abstand wird allerdings augenscheinlich, dass die damalige Kampagne vor dem Beitritt Tschechiens zur EU (und gegen diesen) in Österreich und Deutschland gleichermaßen auch dann angefangen hätte, wenn Miloš Zeman seine

Worte auf die Goldwaage gelegt hätte. Gerade diese Kampagne, deren Renner die Verzerrung der so genannten Beneš-Dekrete war, griff in hohem Maße die Argumente der so genannten deutschen Vertriebenenverbände auf, die bereits seit Jahren von Samuel Salzborn erforscht werden. Seine kritische Analyse fokussiert vor allem auf ihr historisch-politisches Narrativ, das sich auf eine antiliberale, ›völkische‹ Ideologie und das Konzept des ›Volksgruppenrechts‹ gründet, welches auf alten Inhalten beruht. In Letzterem und im vieldeutigen Postulat eines ›Rechts auf die Heimat‹ sieht der Autor eine Tendenz dahingehend, die benachbarten Nationalstaaten zu autonomen Regionen herabzuwürdigen. Die Vorstellung, aus den dortigen, heute kleinen und integrierten (deutschen) Minderheiten solche Regionen entstehen zu lassen, ist natürlich nicht real, doch real ist dieses Konzept als Faktor, der einen Zustand der Unsicherheit aufrecht erhält und sich als Druckmittel in Zeiten schwebender Restitutionsforderungen, um welche es sich auch konkret gerade handeln möge, einsetzen lässt.

Die ganze Angelegenheit wurde durch ein von den EU-Organen initiiertes Rechtsgutachten erledigt, wonach die so genannten Beneš-Dekrete (und möglicherweise entsprechende Rechtsnormen anderer Staaten) kein Hindernis für deren Aufnahme in die EU darstellten. Dazu kam es 2004 – leider gegen den unverrückbaren Widerstand einiger deutscher Abgeordneter des Europaparlaments. Von damaligen Restitutionsforderungen der Vertriebenen distanzierte sich die Regierung Schröder, doch fordert Samuel Salzborn in seiner in diesem Buch enthaltenen Studie *Geteilte Erinnerung* noch entschiedenere und verbindlichere Schritte zur Verbesserung der Atmosphäre und der bilateralen Beziehungen. Das Leben geht allerdings auch so weiter: In einer Welt großer (und alle betreffender) Gegenwartsprobleme verliert die Satisfaktion und Begleichung alter, sechzig oder noch mehr Jahre zurückreichender Rechnungen an Bedeutung.

Ihre wirkungsvollste und effektive Funktion erfüllen natürlich diese Forderungen und überhaupt die gesamte Vertriebenenideologie in der deutschen Gesellschaft selbst. Es war und ist das Ziel des geplanten so genannten Zentrums gegen Vertreibungen, aus dem Schicksal der ausgesiedelten Deutschen einen ebenso wirkmächtigen Pfeiler des nationalen deutschen historischen Gedächtnisses wie die Erinnerung an das gigantische Verbrechen des Holocaust zu machen – wurde doch auch die geplante Gedenkstätte »in historischer und räumlicher Nähe« zum Holocaust-Mahnmal konzipiert. Risse man das Thema der Nachkriegsumsiedlungen deutscher Minderheiten aus dem historischen Kontext, würde daraus der Mythos erwachsen, wonach die Deutschen eigentlich gleichermaßen Opfer der Kriegskatastrophe gewesen seien.

In einigen Ansprachen von Vertriebenenvertretern, in deren Publikationen, aber auch in der historischen Literatur der letzten Jahre geht man schließlich noch weiter. Es taucht die verzerrende Tendenz auf, die Aussiedlung mit Genoziden zu vermengen.

Dies trat auch offenkundig in der Erklärung der Stiftung Zentrum gegen Vertreibungen aus dem Sommer 2003 zutage, wonach sich das Zentrum »in Solidarität zu allen Opfern von Vertreibung und Genozid«[1] sehe. Als Muster für diese Absicht lässt sich auch das Buch des amerikanischen Historikers Norman Naimark, *Fires of hatred. Ethnic cleansing in twentieth-century Europe [Flammender Hass. Ethnische Säuberungen im 20. Jahrhundert]*, heranziehen, in dem die Nachkriegsaussiedlungen der Deutschen in einem Atemzug mit einer Reihe von Ereignissen, beginnend mit dem Genozid an den Armeniern (und später an den Juden und Roma), bis hin zum letzten Balkankrieg der 1990er Jahre, genannt wird. Das Symbol dieser Kontinuitätslinie sind laut Naimark »Güterwaggons voller durstiger, hungernder, erstickender Flüchtlinge, unter ihren Füßen die Leichen der schon Gestorbenen in Pfützen aus Exkrementen – das ist vielleicht das zentrale Bild der Greueltaten des 20. Jahrhunderts«.[2] Für Tschechien ist dies ein geläufiges Bild: Im Winter 1945 transportierten Güterzüge durch die Böhmischen Länder verendete Gefangene und KZ-Häftlinge in den Tod. Für die Nachkriegstransporte deutscher Ausgesiedelter, wie auch immer sie sich in den damaligen schwierigen Bedingungen abgespielt haben und wenngleich dazu auch Güterzüge eingesetzt wurden, ist dieses Bild hingegen nicht angebracht.
Diese historischen Konstrukte sind mit anderen historischen Konstrukten jener Vertriebenensorte verwandt, mit denen sich Samuel Salzborn sachlich und kritisch auseinandersetzt. Ihnen ist nichts hinzuzufügen, es sei denn, dass die Deutschen selbstverständlich das Recht haben, ihre Kriegsopfer und die Leiden der Vertriebenen zu betrauern und dabei auch auf das Verständnis und Mitgefühl der Mehrheit anderer Nationen zählen können – unter der von den Kritikern des Zentrumsprojekts stets betonten Bedingung, dass damit nicht die zeitliche Abfolge und historische Kausalität auf den Kopf gestellt wird, wenngleich sicherlich nicht von einer Monokausalität ausgegangen werden kann.
Das Projekt des Vertreibungszentrums, dessen Aktualität durch wirkungsvolle Medienserien erzeugt wurde, war auch in den Jahren 2002ff. Gegenstand eines sozusagen neuen Historikerstreits, der zugleich und wohl hauptsächlich ein politischer Streit war. Es ging um große Debatten, die eigentlich bis heute nicht zum Abschluss gekommen sind oder vielleicht dadurch beendet werden, dass die Bundesregierung sich des Projekts angenommen hat, wenn auch vielleicht nicht in seiner ursprünglichen Gestalt. Es sah sich früh in Deutschland und anderswo scharfer Kritik ausgesetzt, die

---

[1] Zitiert nach Stefan Troebst (Hg.): Vertreibungsdiskurs und europäische Erinnerungskultur, Osnabrück 2006, S. 79.
[2] Norman M. Naimark: Flammender Hass. Ethnische Säuberungen im 20. Jahrhundert, München 2004, S. 233.

sich nicht nur auf Ablehnung beschränkte. Seit dem Jahre 2002 wurden einige gut gemeinte Alternativvorschläge zum Zentrum unterbreitet, deren gemeinsamer Nenner die Erweiterung der Darstellungsweise, die Europäisierung des Themas und die Errichtung eines europäischen Forschungs- und Präsentationsnetzwerks zur Problematik der Zwangsmigrationen ist, denen viele eine solche Schlüsselbedeutung in der europäischen Geschichte des 20. Jahrhunderts zuschreiben, das sie von ihm als einem »Jahrhundert der Vertreibungen« sprechen.

Die Vorschläge gingen anschließend in den Medien, in wissenschaftlichen Kreisen und auf politischen Foren, im Bundestag, im Europäischen Parlament, bei Minister- und Präsidententreffen verwickelte Wege. Allerdings erlebte Europa dabei verschiedene Metamorphosen: zunächst handelte es sich um die Visegrád-Gruppe, dann aber Deutschland und Polen, und später kamen Bosnien und Herzegowina hinzu; auch unter den Teilnehmern wissenschaftlicher Tagungen zu diesem Thema wurde Europa jeweils sehr unterschiedlich begriffen.

An diesen Diskussionen beteiligten sich die Fürsprecher des Vertreibungszentrums durchwegs nur mit Deklarationen edler, gelegentlich sogar europäischer Absichten, beharrten aber im Grunde auf ihrem Standpunkt, auf Berlin als Standort und auf der Idee, die Erlebnisse, Erinnerungen und Wunden präsentieren zu wollen, die die Aussiedlung beigefügt habe. Was darin aber fehlte und bis heute fehlt, ist eine kritische Reflexion der eigenen Vergangenheit, einschließlich der ureigenen Vergangenheit, nämlich der Geschichte der Vertriebenenverbände selbst. Sprach man Erika Steinbach auf diese Angelegenheit an, so gab sie zur Antwort, dafür besäßen die Verbände keine Mittel – für Kritik hat das Vertriebenenpublikum leider ziemlich taube Ohren und blinde Augen, auch wenn das Studium der damals bereits veröffentlichten Studie von Samuel Salzborn sicherlich hätte hilfreich sein können.

Im Gegensatz zum betont ›germanozentrischen‹ Projekt des Vertreibungszentrums wurden sorgfältigere Alternativvorschläge gemacht, und in diesem Zusammenhang fanden mehrere wissenschaftliche Tagungen mit qualifizierter wissenschaftlicher Beteiligung und interessanten Diskussionen statt. Die gegenwärtige Grundidee dieses europäischen Verständnisses lässt sich darin nur schwer ausmachen: Es handelt sich um das Leitmotiv ihres Hauptreferenten, des bekannten Historikers Karl Schlögel, der erklärte, man müsse »als Achse des ganzen Geschehens die Flucht in den ethnisch homogenen und homogenisierten Staat« annehmen, und voller Optimismus diesen Gedanken zu »so etwas wie eine[r] *communis opinio*« erklärte.[3] Der Leipziger Histori-

---

3 [Diskussionsbeitrag von Karl Schlögel], in: Dieter Bingen / Włodzimierz Borodziej / Stefan Troebst (Hg.): Vertreibungen europäisch erinnern? Historische Erfahrungen, Vergangenheitspolitik – Zukunftskonzeptionen, Wiesbaden 2003, S. 82.

ker Stefan Troebst, ein weiterer Experte in diesem Bereich, sprach schließlich von der »Obsession des Nationalstaats in Bezug auf Homogenität«.[4] Auf diese vorherrschende These wurde auch die Konzeption der seinerzeit vorbereiteten Ausstellung des Hauses der Geschichte der Bundesrepublik Deutschland in Bonn gegründet. Nach den Worten seines damaligen Direktors Hermann Schäfer war ihr »zentrale[s] Thema« die »Herausbildung von Nationalstaaten und deren Bestreben nach größtmöglicher ethnischer Homogenität«.[5] Bezeichnend war die Diktion – der Nationalstaat wurde im Singular behandelt, obwohl es sich in der Realität um eine zeitlich und räumlich differenzierte Menge handelt. Geht man allerdings deren Geschichte durch, so zeigt sich eher eine andere Obsession, sofern man diesen Begriff überhaupt verwenden sollte, nämlich eine Obsession des Hegemonismus und noch mehr eine Obsession der Expansion, das Streben nach Erwerben weiterer Länder, das gerade Minderheiten und ethnische Mischung vervielfältigte.

Im Mittelpunkt der Diskussionen standen die Umsiedlungen deutscher Minderheiten, auf die man durch das Prisma des Zerfalls Jugoslawiens blickte, die dortige Gemengelage von Kriegen, Bürgerkriegen und auswärtigen Interventionen, in deren Folge es zu massenhaften Fluchtbewegungen, Vertreibungen und Massakern gekommen war, die zu Recht von der Weltöffentlichkeit verurteilt und vor dem Internationalen Gerichtshof verhandelt wurden. Ansonsten lassen sich aber in den Diskussionen dieser Konferenzen außer der europäischen Verortung und Finanzierung viele gesamteuropäische Zusammenhänge nur schwer entdecken. So fehlen dort die Zwangsmigrationen von Westeuropäern, die mit der Dekolonisierung einhergingen und nur ganz am Rande erwähnt wurden. Weitaus schwerer wog hingegen das Defizit, dass aus der historisch größten Entstehungswelle von Nationalstaaten nach 1989 lediglich der jugoslawische Bereich ausgewählt und alle anderen neu entstanden Nationalstaaten außer Acht gelassen wurden. Unbeachtet blieb der größte ›neue‹ Nationalstaat, das wiedervereinigte Deutschlands, das nicht mit Blut und Eisen, sondern durch den Protest der Bürger, durch Diplomatie, durch die D-Mark und die Übereinkünfte der Großmächte entstanden war; gleichermaßen friedvoll entstanden als Folge der geregelten Teilung der Tschechoslowakei auch der tschechische und der slowakische Nationalstaat. Nicht zuletzt gelang auch der Zusammenbruch des sowjetischen Großreichs im Großen und Ganzen friedvoll, ohne bewaffnete Auseinandersetzungen, auch wenn sich in Rumä-

---

4 [Diskussionsbeitrag von Stefan Troebst], in: ebenda, S. 77.
5 Hermann Schäfer: Zur musealen Auseinandersetzung mit der Vertreibung in Europa. Ein Projekt der Stiftung Haus der Geschichte der Bundesrepublik Deutschland, in: Anja Kruke (Hg.): Zwangsmigration und Vertreibung – Europa im 20. Jahrhundert, Bonn 2006, S. 83–95, hier S. 90.

nien, Georgien oder den baltischen Republiken am Rande Gewaltakte abspielten. Zu bewaffneten Konflikten und damit verbundenen Fluchtbewegungen, Vertreibungen und Massakern kam es eigentlich nur in Tschetschenien und Berg-Karabach. Auch territoriale Veränderungen wurden dabei nur in äußerst geringem Umfang vorgenommen: Die Deutschen erkannten die Oder-Neiße-Grenze an, die Russen stimmten der Zugehörigkeit der Krim zur Ukraine zu, die Polen fanden sich mit ihrer Ostgrenze ab, und auch die Ungarn akzeptierten und akzeptieren – wenn auch mit Schwierigkeiten – die Existenz ihrer großen Minderheiten. Auch die Grenzen von Föderationen, in deren Rahmen sich die neuen postsowjetischen Nationalstaaten zusammenschlossen, wurden nicht in Frage gestellt und führten zu keinen nennenswerten Konflikten – mit Ausnahme der separatistischen Enklaven Ossetien, Abchazien und der so genannten Transnistrischen Republik, die natürlich nach dem Art des geteilten Zypern ›eingefroren‹ wurden, auch wenn sie sich nach der diplomatischen Anerkennung des Kosovo zu erhitzen beginnen. Von den genannten Ausnahmen abgesehen kam es zu keinen Massenvertreibungen, und auch Bevölkerungsmigrationen, vor allem der Russen, fanden nur in begrenztem Umfang statt – die größte Verschiebung, gerade eine Zwangsmigration, war der Abzug der sowjetischen Besatzungstruppen und der zu ihnen zählenden Zivilpersonen. Die Auseinandersetzungen um russische Minderheiten, etwa in den baltischen Staaten, hielten und halten sich in Grenzen. Nirgends wurde oder wird dort ein ›Recht auf die Heimat‹ eingefordert, und bei der Lösung der Minderheitenprobleme werden aktuelle geltende europäische Normen zur Anwendung gebracht, niemals aber ein ›Volksgruppenrecht‹.

In diesem Lichte betrachtet muss die auf den Konferenzen zum so genannten Europäischen Netzwerk vertretene pauschale These von der Obsession aller Nationalstaaten bezüglich der ethnischen Reinheit und Massenvertreibungen in Zweifel gezogen werden. Für eine echte gesamteuropäische Analyse dieses Problems ist das Beispiel Jugoslawien fraglos wichtig, aber nicht minder bedeutend sind – auch als Lehrstücke – die Beispiele derjenigen Nationalstaaten, innerhalb derer es zu keinen massenhaften Zwangsmigrationen kam – sieht man einmal davon ab, dass rechtmäßige Veränderungen des Staatsgebiets und der staatlichen Zugehörigkeit eine Migration der mit den früheren Zuständen verhafteten Teile der Bevölkerung bewirkt, die die neuen Zustände verweigert und in ihnen für sich keine Perspektive sieht.

Darin liegt möglicherweise eine der Ursachen, weshalb das Projekt eines europäisch konzipierten Zentrums gegen Vertreibungen in den anderen europäischen Staaten und bei deren Historikern kein vergleichbar großes Interesse fand wie in Deutschland; besonders verständlich war und ist die distanzierte Haltung der Tschechen, die seinerzeit einer massiven demagogischen Kampagne in Bezug auf die so genannten Beneš-Dekrete ausgeliefert waren. Das Projekt bleibt daher ein deutsches Vorhaben.

Die Nachbarn verhalten sich ihm gegenüber immer reservierter und geben eigenen Aufarbeitungen dieser Vergangenheit den Vorzug, respektive anderen Formen des wechselseitigen Dialogs, der in letzter Zeit auf unterschiedlichen Foren und Ebenen stattfindet.

Geht man in der Geschichte nicht noch weiter zurück als ins Zwanzigste Jahrhundert, so kam es zu einer ersten wirklich großen, mit dem umstrittenen Begriff ›ethnische Säuberungen‹ zu bezeichnenden Welle massenhafter Bevölkerungsverschiebungen eigentlich nur auf dem Balkan im zeitlichen Umfeld des Ersten Weltkriegs. Der akzentuierte Zusammenhang zwischen Zwangsmigrationen und Moderne führt aber in diesem Fall zu einer Fehldeutung: Das damalige Osmanische Reich und die Balkanstaaten durchliefen zwar bestimmt auch eine Modernisierung, inwiefern sie aber bereits wirklich modern waren, sei dahingestellt.

Ein Zusammenhang mit der Moderne ist natürlich im Falle der zweiten Phase angebracht, die sich in Mittel- und Osteuropa während und nach dem Zweiten Weltkrieg abspielte. Der Zusammenhang mit dem Nationalsozialismus, der im hochgradig modernen Deutschland an die Macht kam, liegt natürlich auf der Hand und wird auch von der Geschichtsschreibung betont: so etwa in der ersten Studie von Hans Lemberg zu ›ethnischen Säuberungen‹ aus dem Jahre 1992, die man damals noch in Anführungszeichen setzte. Andere Diktaturen, allen voran die sowjetische, führten natürlich auch brutale und umfangreiche Säuberungen durch, vor allem im politischen und im sozialen Bereich. Der Nationalsozialismus war indes nicht nur einzigartig im Hinblick auf seine Absicht, ein ethnisch oder wohl eher rassisch reines Großdeutsches Reich zu errichten, das in das ungeheuerliche Verbrechen des Holocaust mündete. Einzigartig war er auch mit seinem ungeheuren Vorhaben, in Europa aus den meisten Nationen Mittel- und Osteuropas, die auf Dauer versklavt, zum Teil ausgerottet, zu einem anderen Teil vertrieben und für immer ihrer Staatlichkeit beraubt werden sollten, ein Kolonialimperium zu schaffen. Charakteristisch war auch, dass der Nationalsozialismus für den Zusammenbruch dieser Staaten und für die Vorbereitung seiner Aggression die deutschen Minderheiten manipulierte und mobilisierte, in größtem Umfang und mit dem größten Erfolg in der Tschechoslowakei, der seinerzeit letzten Demokratie, deren Minderheitengesetzgebung zu den damals besten gehörte.

Erst in den Jahren 1938–1939, als die tödliche Drohung die Möglichkeit des Überlebens in Frage stellte, kamen in der Tschechoslowakei und in Polen (und anschließend auch in der britischen Politik) erste Pläne oder Überlegungen für Bevölkerungsverschiebungen als Strategie zur Stabilitätsgarantie und -stärkung und zur Sicherheit der Staaten jenes Teils des Kontinents auf. Der Chef des britischen Think Tank, Professor Arnold J. Toynbee, nannte sie »a contribution to peace«; die unheilvolle Erfahrung

von Krieg und Besatzung erweiterte dann den Umfang dieses Unterfangens und brachte auch Motive der Vergeltung und des sozialen Umbruchs mit sich.
Obwohl sich gerade die deutsche Historiographie um die Erforschung dieser Fragen sehr verdient gemacht hat – stellvertretend für viele sei hier das Werk von Detlef Brandes genannt – bleiben die Vorstellungswelt, die Propaganda und die Politik der Vertriebenenverbände davon unberührt. Ihre Führungsriege will die Vorstellung durchsetzen, dass die Nachkriegstransfers deutscher Minderheiten ein maß- und grenzenloses ›Unrecht‹ gewesen seien. Ohne Berücksichtigung der internationalen Sanktionierung dieser Ereignisse durch die Großmächte auf der Konferenz von Potsdam werden sie auch als Verletzung der Menschenrechtsnormen bezeichnet, Argumente, die natürlich – verankert in späteren UNO-Erklärungen – erst rückwirkend erhoben werden. Das erkennen selbstverständlich die Nachbarn, die meisten Polen oder Tschechen, kaum an. Zwischen ihnen und Deutschland, ihren staatlichen Doktrinen und politischen, juristischen, historischen und moralischen Diskursen steht in dieser Angelegenheit ein deutlicher Gegensatz und Konflikt – in Europa keine Ausnahme. In letzter Zeit existiert zum Beispiel auch ein ähnlicher Gegensatz zwischen den rechtspolitischen Haltungen der Bundesrepublik Deutschland und der Großmächte der Anti-Hitler-Koalition in Bezug auf die Potsdamer Konferenz und ihre Festlegungen.
Zum Glück gibt es heutzutage schon einen Konsens dahingehend, dass jede europäische Gesellschaft, wenn sie sich selbst und ihren europäischen Zugehörigkeiten gerecht werden möchte, die Erfordernis einer kritischen Reflexion über die Vergangenheit anerkennt, natürlicherweise vor allem über die Geschichte ihres eigenen Landes. In dieser Hinsicht haben die von ihrer Vergangenheit besonders betroffenen Deutschen, ungeachtet des späten Beginns und noch vieler Defizite, ein beachtliches Werk vollbracht, das nicht zum Erliegen kommt – nur den Vertriebenenverbänden steht es noch bevor, denn die in der letzten Zeit spröde verlautbarten allgemeinen Bekenntnisse eigener Schuld oder eben der Schuld der Vorfahren stellen keinerlei bewusste Vergangenheitsbewältigung dar.
Eine verdrängte Vergangenheitsbewältigung lässt sich heute allerdings denjenigen Ländern nicht mehr vorhalten, die für gewöhnlich als ›Vertreiberstaaten‹ beschimpft werden. Natürlich ist in beiden Ländern – Polen und Tschechien –, genauso wie in Deutschland und sonst auch, ein Teil der Bevölkerung in dieser Hinsicht immun und unversöhnlich. Der tschechische Weg war hier vielleicht auch komplizierter als etwa der polnische: In der Tschechoslowakei wurde die Vergangenheitsbewältigung stärker als in Polen durch das kommunistische Regime und den Kalten Krieg gebremst. Wenngleich die deutsche Frage nicht das alleinige Thema bildet, wurden dennoch nach dem Ende des Kommunismus ein nicht geringes Werk vollbracht, das bis heute fortdauert: Man berücksichtige nur die ungezählten (auch gesellschaftlichen) Dis-

kussionen und Projekte, sehe sich die Bibliographie der Medienpublizistik, der Geschichtswissenschaft, die Editionen ausländischer, insbesondere deutscher, Buchtitel an; Gleiches gilt auch für den aktuellen Bildungsbereich, vor allem für das Schulwesen. Manche Initiativen liefen bedauerliche ins Leere: Die Erklärung tschechischer Dissidenten aus dem Jahre 1985 zum Recht der Deutschen nach Wiedervereinigung hielten alle damals für eine störende Utopie; die Geste des Bedauerns von Václav Havel würdigte Bundespräsident Richard von Weizsäcker, aber die Sudetendeutsche Landsmannschaft überging sie schlicht und einfach, während das von Václav Havel unterbreitete Angebot einer Doppelstaatsangehörigkeit für die Vertriebenen Bundeskanzler Helmut Kohl unbeantwortet ließ.

Dennoch ist bereits seit Jahren ein wechselseitiger Dialog in vollem Gange, und man hat aufgehört, zwei Monologe zu führen. Im Geiste des gegenwärtigen Europas ist der Dialog zwischen den Deutschen und ihren Nachbarn gleichberechtigt, aber doch nicht ganz gleichgewichtig; auch hier manifestiert sich der Unterschied zwischen dem großen und reichen Deutschland und seinen kleineren und ärmeren Nachbarn – es genügt bereits ein Vergleich der tschechischen und der deutschen Historikerschaft, ihres Potenzials und ihrer Publikationsmöglichkeiten. Diese Asymmetrie spiegelt sich auch in der so genannten ›Deutungshoheit‹ wieder, die unübersehbar auch mit Streitigkeiten über Worte und Begriffe verbunden ist, in denen die deutsche Vormacht und Hegemonie zum Ausdruck kommen soll. Im Falle Tschechiens ist zu fragen, ob und inwieweit dadurch bewirkt wird, dass die meisten tschechischen Medien in deutschem Besitz stehen, oder aber bis zu welchem Maße dies ›hausgemacht‹ (Czech made) ist, aber in jedem Fall sticht es ins Auge.

Im tschechischen Milieu, vor allem in der Publizistik, wird in letzter Zeit beispielsweise anstelle des bis dahin im Tschechischen gebräuchlichen Begriffs ›nacisté‹ [Nazis] häufig die für politisch korrekt gehaltene deutsche Terminologie ›národní socialisté‹ [Nationalsozialisten] verwendet. Dabei werden wir Zeugen einer seltsamen Logik: Die aktuellen Anhänger des Hakenkreuzes, Rechtsextreme, die zurzeit überall bekämpft werden, werden im Allgemeinen als ›Neonazis‹ bezeichnet und niemals als ›Neo-Nationalsozialisten‹, wohingegen ihre Vorbilder von der gigantisch verbrecherischen NSDAP dezent ›Nationalsozialisten‹ tituliert werden, obwohl sie alles nur nicht national waren, sondern vielmehr Nationalisten oder noch besser rassistische Chauvinisten, aber auch keine Sozialisten, zumindest nicht nach der Standardbedeutung dieses Begriffs.

Ähnlich verhält es sich mit dem Begriff ›vyhnání‹ [Vertreibung], der in der letzten Zeit in der tschechischen Publizistik und Literatur, mitunter sogar auch in Ansprachen offizieller Persönlichkeiten, als aktueller Begriff für jenes Ereignisgeflecht zu funktionieren beginnt, das mit Flucht und Evakuierungen seinen Anfang nahm und sich

über willkürliche und widerrechtliche Bevölkerungsverschiebungen und den durch die Potsdamer Konferenz international sanktionierten Rahmen fortsetzte, um nach Potsdam mit dem in Abstimmung mit den Besatzungsmächten organisierten Transfer zu enden. In Vergessenheit gerät die anfängliche Übereinkunft der tschechisch- (damals noch tschechoslowakisch-)deutschen Historikerkommission hinsichtlich zweier Begriffe: ›vyhnání‹ [Vertreibung] für jene anfängliche und willkürliche ›wilde Aussiedlung‹ (in Polen treffender ›militärische Aussiedlung‹ genannt) sowie für die spätere, organisierte Phase schließlich ›odsun‹ [Abschub] oder besser ›vysídlení‹ [Aussiedlung], wobei der Begriff im Tschechischen bereits einen Zwangscharakter ausdrückt, während im Deutschen das Kompositum ›Zwangsaussiedlung‹ verwenden muss.
Es gibt noch viele derartige Probleme, doch der Umfang dieses kurzen Nachworts reicht nicht aus, um mehr darüber zu schreiben. Dem Leser, der bis hierher gelangt ist, sei vielleicht nur noch wärmstens empfohlen, dass auch noch weitere Bücher von Samuel Salzborn der Lektüre harren.

Jan Křen

(Übersetzung aus dem Tschechischen: Tobias Weger)

Nachweis der Erstveröffentlichungen

»Chemische Auflösung«: Zeitschrift des Verbandes ehemaliger Teilnehmer am antifaschistischen Widerstand, Verfolgter des Naziregimes und Hinterbliebener, Heft 5/2002

Die Volksgruppenkonzeption der Sudetendeutschen Landsmannschaft und die sudetendeutsche Volksgruppenforschung: Christiane Brenner/K. Erik Franzen/Peter Haslinger/Robert Luft (Hg.): Geschichtsschreibung zu den böhmischen Ländern im 20. Jahrhundert. Wissenschaftstraditionen – Institutionen – Diskurse, München 2006

Zwischen Volksgruppentheorie, Völkerrechtslehre und Volkstumskampf: Sozial. Geschichte. Zeitschrift für historische Analyse des 20. und 21. Jahrhunderts, Heft 3/2006

Ethnizität und ethnische Identität: Zeitschrift für kritische Theorie, Heft 22-23/2006

Völkische Grenzübertretungen – unter dem Titel »Vlast bez hranic. Zahraničněpolitické koncepty německých vysídleneckých svazů«: Politologická revue (Zeitschrift der Tschechischen Vereinigung für Politikwissenschaft ČSPV), Heft 1/2003

Geschichtspolitik in den Medien: Zeitschrift für Geschichtswissenschaft, Heft 12/2003

Politische Paradoxien: Deutsche Jugend. Zeitschrift für die Jugendarbeit, Heft 11/2002

Die Beneš-Dekrete und die EU-Osterweiterung: vorgänge. Zeitschrift für Bürgerrechte und Gesellschaftspolitik, Heft 2/2003

**Die Deutschen und das östliche Europa
Studien und Quellen**

Herausgegeben von Eva Hahn und Hans Henning Hahn

Band 1 Hans Henning Hahn (Hg.): Hundert Jahre sudetendeutsche Geschichte. Eine völkische Bewegung in drei Staaten. 2007.

Band 2 Tobias Weger: „Volkstumskampf" ohne Ende? Sudetendeutsche Organisationen, 1945–1955. 2008.

Band 3 Samuel Salzborn: Geteilte Erinnerung. Die deutsch-tschechischen Beziehungen und die sudetendeutsche Vergangenheit. Mit einem Nachwort von Jan Křen. 2008.

www.peterlang.de